내 운명은 고객이 결정한다

내 운명은 고객이 결정한다

e커머스 사장들의 독선생이 말하는 '어제보다 성장하는' 사업의 비밀

박종윤 지음

송북스

Ecce signum

여기에 증거가 있다

| Prologue |

'고객'이라는 존재를 제대로 아는 것의 힘

　2006년에 처음 여성의류 쇼핑몰을 컨설팅하며 그것을 업으로 삼아 지난 십여 년 넘게 많은 사람과 회사, 다양한 종류의 사업과 상황을 마주해 왔습니다.

　지금은 e커머스라 불리는 쇼핑몰을 비롯한 당시 인터넷 관련 사업들은 이론적인 체계나 업무 시스템이 잘 갖춰져 있지 않아 그 성장의 한계가 극명한 경우가 많았습니다. 심지어 세간의 이목을 집중시키며 승승장구하던 곳들도 몇 년 지나지 않아 정체나 위기를 맞이하고 존폐의 기로에 빠지는 경우도 있었죠.

　그러한 사례를 접하다 보니 언젠가부터 정말 중요한 것은 성장보다 지속성과 생존력, 단기간의 매출 성과보다 브랜딩이라는 것을 몸으로 깨닫게 되었습니다.

　그리고 그 깨달음의 과정에서 우리가 사업을 하며 가장 많이 언급하는 '고객'이라는 두 글자 속 존재를 다른 관점과 태도로 바라보게 된 것이 바로 이 책에 쓰인 모든 글들의 근본이라 할 수 있습니다.

사람을 남긴다는 말의 진짜 의미

흔히 장사나 사업은 사람을 남기는 것이라고 말합니다. 그만큼 사업을 하며 만나게 되는 파트너나 고객이 중요하다는 뜻이지만, 현실에서는 이를 제대로 알고 실천하는 경우가 많지 않습니다. 저는 이 말을 다른 관점으로 해석합니다. 나에게 유리한 관계로 사람을 남기는 게 아니라, 고객에게 유리한 나를 남기는 것이라고 말입니다.

상식적으로 볼 때 내가 벌고 싶은 돈이나 갖고 싶은 영향력, 이루고 싶은 성공은 세상 속 누군가들에게 '만족'이라는 대가를 지불해야 얻을 수 있다는 사실을 어느 날 새삼스레 깨닫게 되었기 때문입니다.

이 책에는 그 상식에 대한 깨달음을 제 나름의 방식으로 풀어낸 내용들이 담겨 있습니다. 그리고 저는 그것을 장사, 사업, 마케팅의 본질이라고 말합니다.

세상은 점점 더 빠른 속도로 변하고 있습니다. 광고나 판매 기법, 유통 구조와 방식 역시 마찬가지입니다. 이 변화무쌍한 시대에 도태되지 않고 영속할 수 있는 비결은 어디에 있을까요? 불패의 마케팅은 어떤 비결을 가지고 있을까요?

저는 그 답이 '고객'이라는 존재를 제대로 아는 것에 있다고 믿습니다. 그리고 부디 이 부족한 경험과 실천을 녹여낸 책 한 권이 여러분께 그 고객을 다시 바라보게 하는 계기가 되었으면 합니다.

마지막으로 제가 자주 인용하는 성경 구절이 있습니다. 저에게 큰 가르침을 주었던 그 진리가 여러분께도 깊은 울림이 되기를 바랍니다.

그러므로 무엇이든지
남에게 대접을 받고자 하는 대로
너희도 남을 대접하라.
- 마태복음 7장 12절 중에서

2019년 여름의 길목에서
박종윤

|C|O|N|T|E|N|T|S|

프롤로그 | '고객'이라는 존재를 제대로 아는 것의 힘 · 6

CHAPTER 1 박종윤식 이야기
이전에도 본 적 없고 이후에도 볼 수 없을

: 박종윤 이야기 · 17
: 즉시 하시면 됩니다 · 24
: Ecce signum- 여기에 증거가 있다 · 30
: 빠르게 남다르게 끊임없이 · 34
: 돈을 못 버는 것인가, 안 버는 것인가? · 38
: 돈을 밀어내는 체질과 끌어당기는 체질 · 42
: 에너지 집중의 법칙 · 47
: 눈과 귀와 입의 성질 바꾸기 · 52
: 결핍 노트 만들기 · 58

CHAPTER 2 창업
돈은 버는 게 아니라 벌리는 것이다

: 인생과 사업은 다르지 않다 · 65

: 가계부의 힘 · 72
: 창업자를 위한 눈사람 만드는 법 · 76
: 예비 창업가에게 묻는 7가지 질문 · 80
: 장사의 기본, 사업의 기본 · 83
: 매출에 대하여 · 88
: 만들기 전에 물어 보라 · 93
: 창업 또는 재 창업을 마주한 이들이 꼭 알아야 할 30가지 · 96
: 고백하고 공유하고 실천하기 · 102
: 투자에 대하여 · 109

CHAPTER 3 마케팅
목표는 어제보다 하나 더!

: 10개월 만에 일 매출 20배 성장시킨 비결 · 119
: 같은 말을 반복하기 지쳐서 써본 간단한 마케팅 이야기 · 129
: 우리 업의 핵심 가치와 핵심 역량 · 134
: 지겨워도 다시 들어야 할 이야기 · 138
: '같은 편' 만나기 - 광고에 대하여 · 143
: 왜 안 살까? vs 구매한 이유는 무엇일까? · 149
: 달력 만들기 · 153

: 다시 물이 흐르도록 하는 법- 비수기에 대하여 · 158
: 마케팅의 본질 · 163
: 마케팅 하는 게 아니라 그 자체가 되는 것 · 166

상품
고객의 결핍에서 구하라

CHAPTER 4

: 두 개의 '왜' · 175
: 시점 · 178
: 좋은 상품이란 · 182
: 상품 트렌드에 대한 긴 글 · 188
: 상품 구성의 'BUS' 이론 · 197
: 상품을 보는 다른 관점 · 202
: "내가 이 상품을 당신에게서 사야 하는 이유는 무엇입니까?" · 206
: 업의 본질과 좋은 상품의 진짜 의미를 모른다면 · 211
: 잘 팔리는 상품, 잘 파는 브랜드 · 215

고객
이기는 사업가는 사람 먼저 공부한다

: 등가 교환의 법칙 · 223
: 고객을 이끈다는 것 vs 함께 호흡한다는 것 · 229
: 우리가 멈추지 말아야 하는 일 · 233
: 고객이 보고 싶어 하는 것을 보여주는 사람 · 241
: 세상의 모든 선택받는 조건 · 245
: 나는 누구와 함께 가고 있는가 · 251
: 늘 고객에게서 나온다 · 255
: 성장 이유 vs '폭망' 이유 · 260

접객
열심히 하지 말고 다르게 하라

: 온라인으로만 사업해도 개업식을 하라 · 267
: 해물찜 매운 맛에 단계가 있는 이유 · 271
: 판매자가 아닌 구매자로서 먼저 경험한 것 · 277
: 한 명에게 하나씩 · 281
: 버리고 개선하고 만드는 체질 · 284

: '조금 더'에 대한 욕구를 채워 주는 것 · 288
: 실패하지 않는 법 · 293
: '잘한다'에 취하지 말자 · 300
: 달의 뒷면과 마케팅 · 304
: 본질 · 307

에필로그 | 시간이 걸려도 멈추지 않는다면 · 310

[아직 못다 한 이야기, 당신에게 띄우는 편지]
: 40대가 후회하는 20대 · 312
: 40대가 조언하는 30대 · 316
: 74 호랑이, 혹은 40대 초반 친구에게 · 322
: 성공을 추구하는 후배들에게 · 325
: 사장이 된 후배에게 · 329
: 박종윤식 컨설팅 45선 · 331

박종윤식
이야기

이전에도 본 적 없고 이후에도 볼 수 없을

이 글 속에 브랜드 마케팅이 무엇인지 나와 있습니다. 퍼포먼스 마케팅과 브랜드 마케팅의 조화와 조합에 대해서도요. 시장조사, 기획, 브랜드 콘셉트, 비전, 마케팅, 시장 창출, 실행 방법 등의 종합 사례입니다.

이전에 본 적 없던 사람

2017년 1월 페이스북에 이전에 본 적 없던 사람이 하나 나타납니다. 그 사람은 오랫동안 페이스북을 개인적으로만 사용해 왔으나, 그때부터 하나의 고유 포지션을 만들고 영향력을 확보하기로 마음먹었죠.

그는 페이스북 사용자 중 스타트업, 창업, 마케팅, 중소기업 경영에 종사하는 사람들을 대상으로 글을 쓰기 시작합니다. 단 기존에 그들이 접하지 못했던 '남다른 내용'을 전달하는 것을 미션으로 삼았죠.

일반적인 경험과 경력을 바탕으로 그의 식대로 쉽게 마케팅과 경영 일반의 본질에 대한 조언과 인사이트를 전달합니다. 마치 다른 누구나 제공하는 베이식 아이템과 더불어 자기 개성이 담긴 유니크 아이템을 공급하는 것처럼요.

그 과정을 통해 페친과 팔로워를 늘려 가던 그는 오프라인으로 찾아오는 사람들에게 자문을 해주기도 하고, 선착순 모집을 통해 페친들과 식사를 하기도 하고, 2017년 하반기에는 한 달에 한 번씩 점점 규모를 키워가는 강의를 합니다. 바로 스페셜 상품을 제공한 것이죠.

그러면서 페이스북에는 어느새 그의 글과 말을 접한 사람들의 실질적인 후기가 쌓이게 되죠. 그렇게 단시간에 그는 페북의 특정 사용자들에게 자신을 포지셔닝하는 데 성공합니다. 그 과정에서 소비자에서 고객으로, 고객에서 단골로, 단골에서 팬으로 진화하는 사용자들도 점점 늘어납니다.

그는 이제 브랜드 가치를 향상시키고 지속시키기 위해 팬들을 차별 관리하기로 합니다. 팬들만 따로 만날 수 있는 장치를 기획하고, 여러 번의 시도 끝에 폐쇄형 그룹을 그 방법으로 최종 선택하게 되죠. 그룹 개설 후 12시간 만에 천 명의 멤버를 확보한 그는 이제 다시 주변의 페친들에게 이 다음 계획에 대한 사전 조사를 합니다. 바로 고객과의 대화, '만들기 전에 물어 보라'가 이에 속합니다. 자신의 상품성과 브랜드 가치 그리고 경쟁력에 대한 최종 분석을 마친 그는 이제 그룹의 유료화를 진행하기로 결정합니다. 결정 후 그는 머리가 바빠집니다.

이 특수 그룹에게도 평상시 올리는 글을 통해 베이식 아이템을 제공하고, 문답 교수법을 발전시켜 유니크 아이템을 제공하고, 이 그룹에 속하지 않은 이들과 차별화된 강의나 토크 콘서트 등의 스페셜 아이템을 제공해 브랜드를 한 단계 업그레이드시켜야 하니까요.

제 주변의 지인들은 이전부터 들어온 이야기입니다. '나는 이렇게 페이스북에서 영향력을 만들고, 존재 가치를 확보하고, 브랜드가 되겠다'는 이야기를 계속해 왔으니까요.

끊임없이 듣는 질문이 있습니다.

'어떻게 좋은 상품이나 서비스를 만들고, 어떻게 알리고, 어떻게 팔고, 어떻게 성장을 지속시켜 브랜드로 만들 수 있는가!'

이 질문에 대한 답은 제가 페이스북에 '박종윤식 이야기'라는 폐쇄형 그룹을 만든 위의 이야기로 대체할 수 있다고 생각합니다.

저는 세상에 나가 처음 글을 쓰고 강의할 때부터, 아니 그 이전부터 지금까지 제가 글로 쓰고 강의로 말한 그대로 해왔습니다. 시대가, 상황이 변해도 그 본질은 단순하고 변치 않기에 그대로만 했습니다.

그래서 제 입장에서 그것은 상식입니다. 수년 전부터 제게 컨설팅을 받아온 회사들의 성공 사례도 거기에서 나왔습니다. 저는 제가 증거가 되는 교육을 하고 있습니다. 그래서 '박종윤식 이야기'입니다.

내가 가진 무엇을 누구의 돈과 바꿀 수 있는가

개인에게 수입, 회사에서 매출과 이익. 많은 이들이 흔히 돈을 말할 때 '없다, 안 생긴다, 안 벌린다, 남는 게 없다'고 합니다.

돈은 많이 버는 것이 아니라 얼마를 벌지 결정하는 것입니다. 돈은 버는 게 아니라 벌리는 겁니다. 즉 누구에게 얼마를 쓰게 할지, 누가 돈을 나에게 쓰도록 만들지를 생각하는 것이 핵심입니다. 이것이 개인에게는 능력이라 불리고, 기업에게는 비즈니스 모델이라 불립니다.

자본주의에서 돈은 매우 중요합니다. 우리 혈관을 타고 흐르는 피와 같죠.

예전 어떤 방송에서 하루 종일 여러 개의 알바를 해 수억 원의 빚을 갚는 분의 이야기가 나왔습니다.

돈은 그렇게 많이 오래 일해서 벌 수 있기도 하고, 생각을 통해 이치를 깨달아 효율적으로 더 많이 벌리게도 할 수 있습니다. 핵심은 내가 가진 무엇을 누구의 돈과 바꿀 수 있는지를 정확하게 아는 것에서부터 출발합니다.

처음은 바로 상품입니다. 다음 그 상품을 살 사람들에게 내가 보일 수 있게 합니다. 그것이 광고와 홍보를 통한 모객입니다. 그렇게 모인 이들이 나에게 쓰고 싶게 합니다. 그것이 접객입니다. 그리고 그 구매자들이 이후에도 나를 찾거나 나를 소문내게 합니다. 그것이 고객관계 관리입니다.

이 네 가지 틀 안에 돈의 모든 흐름이 있습니다.

핵심은 하나죠.

그 상품, 그 서비스가 누구에게 왜 필요한가, 왜 다른 것이 아니라 그것을 선택해야 하는가. 그 이유를 분명하게 찾아내고 만드는 것입니다.

#상황은변해도본질은단순하고변치않는다

1. 예측하지 말고 분석하라. 그러려면 결과 값이 필요하다.

    그거 없으면 그냥 추측이고 예측이다.

2. 빅 데이터에 매몰되지 마라. 분석한 결과는 그대뿐 아니라 모두 다 듣는다.

    다 아는 건 그냥 다 아는 수준이 되는 거다.

3. 남이 만든 최신 성공 사례에 열광 좀 하지 마라.

    그걸로 모여서 공부하는 건 더 웃기다.

    그냥 그런 거 모르고 사는 게 당신 자신이 성공할 확률을 더 높여준다.

4. 생각하지 않는 이유는 누구를 위해 생각해야 하는지가 불분명하기 때문이다.

    인간을 움직이는 힘은 인정받고 싶은 타인에게서 온다. 그게 사랑이어도 마찬가지.

5. 윗글에 이어 말하면 인정받고 싶은 대상을 분명히 하고,

    그를 위해 실천하고 이루어 내라. 그걸 당신 자신을 위해 하겠다고?

    그건 어설픈 정신과 의사나 심리학자가 자존감 운운하며

    당신 지갑에 빨대 꽂을 때나 하는 소리다.

    진정 자기만족을 위한다면 그것을 충족시키기 위한 타인의 인정이 필요한 것이다.

    헛소리에 그만 좀 끌려 다녀라.

    마태복음 7장 12절을 다시 봐라.

6. 주변 가게가 다 장사가 안 된다고 해서,

    내 가게 장사가 잘 안 되는 것도 경기 때문에 그런 거라

    안심하고 위로하지 마라.

    '우리만 안 되는 건 아닌가 보다'로 안정을 찾는 바보가 사장인 거냐?

7. 이익 안 났으면 성장을 자랑하지 마라.

    마이너스 성장이 어디 있냐? 세상에서 제일 웃긴 소리다.

8. 자기가 제일 똑똑하고 일 잘하는 것 같을 때,

    짐 캐리 주연의 〈트루먼쇼〉를 봐라. 꼭 봐라. 봤어도 또 봐라.

9. 직원이 맘에 안 들면 해고하라.

    물론 법적 절차에 맞게. 여튼 해고하라.

    무슨 성인군자가 인생의 목표가 아니라면 말이다.

10. 정말 외로울 때 다 내려놓고 발가벗은 기분으로

    소주 한잔 사 달라 할 사람이 있는지 돌아 봐라.

11. 이익이 목적이면 이익을 말하라.

    그거 절대 잘못 아니다.

    괜히 의리나 인정으로 포장했다가 둘 다 잃지 말라.

즉시
하시면 됩니다

2006년 여름 375,200원을 들고 대전에서 서울로 올라왔을 때, 제 휴대전화는 서울에 사는 누구의 연락처도 없었습니다. 그때 저에게는 만나는 모든 사람이 새로운 서울 인맥이었습니다. 공장 잡부로 일하시는 분에서부터 시장 상인, 모텔 사장님, 식당 아주머니까지….

시간이 흐르며 그 인맥이 모이고 모여 어느 날부턴가 서울에서 저는 좀 더 빠르게, 좀 더 믿을 수 있게, 좀 더 경제적으로, 좀 더 쉽게 일을 할 수 있게 되었습니다.

만남은 기회와 같습니다. 누군가는 일생에 기회는 세 번이라고 말하지만, 저는 일생에 기회는 먼지처럼 많다고 말합니다. 우리가 그것을 잡지 않을 뿐이죠.

서울 생활을 시작한 후 집에 생활비 정도를 줄 수 있게 되었을 때, 처음 저를 위해 돈을 쓴 것은 KTX 특실표를 사는 일이었습니다. 여전히 밤마다 모텔을 전전하는 생활이었고, 서울에 도착하면 지하철을 갈아타며 이동해야 했지만, 나름 거금을 주고 KTX 특실을 탄 것은 투자였습니다.

제가 보고 싶은 사람들이 거기 있었기 때문이죠.

생각했습니다. '하늘에선 일등석, 지상의 기차에서는 KTX 특실이 제일 비싸고 좋으니 성공한 사람들을 볼 확률이 높을 것이다.'

그 후 몇 년 동안 저는 그 공간에서 한국 제일의 치킨 프랜차이즈 회장님을 비롯해 자산가, 부동산 거부, 사채업자, 대기업 임원, 정치인들을 보았습니다. 그리고 그들의 대화를 듣고 매너를 보고 행동양식을 훔쳤습니다.

그 경험이 지금의 저에게 무엇을 가질 수 있게 했는지 잘 설명할 수 없습니다. 다만 분명한 건 지하철에서는 일반 소비자를 경험하고, KTX 특실에서는 그 소비자, 대중, 사회, 세상을 움직이는 사람들을 직간접적으로 경험하는 것은 엄청난 공부가 되었죠.

투자는 그런 거라고 생각합니다.

즉시 이익으로 획득되는 것도 아니고, 가치 평가의 반대 급부로 누군가에게 받는 것도 아닙니다. 그저 내 목표와 꿈을 이루기 위한 부스터를 사기 위해 내가 직접 지불하는 비용이죠.

여러분에게 투자는 무엇인가요?

받기 위해 애써야 하는 것인가요, 아니면 내가 나를 위해 선택하고 지불하는 것인가요?

바꾸고 싶다면 바꾸면 됩니다.

그러기 위해서는 시간도 돈도 에너지도 스스로 전략을 세워 그 쓰는 방법을 바꿔야 합니다.

내가 쓰는 단어가 인생을 만든다

흔히 말합니다. 실천이 가장 중요한데 그걸 하는 게 어려워서 문제라고.

"어려운 게 아니고 안하는 겁니다."

그냥 쉬운 것 기대하고, 덜 힘들고 덜 어려운 것 찾다가 하루 바쁜 척만 했지, 진짜 해야 할 것은 하나도 실천하지 않은 자기 자신을 변명하고 위로하는 것뿐입니다.

흔히 말합니다. 고객 관점이 가장 중요한데 고객 입장이 되는 게 어렵다고.

오늘도 커피숍이나 식당에서 스스로 고객이었으면서 고객 입장되기가 어렵다는 건 말이 되지 않습니다. 그냥 남의 가게에서는 고객으로서의 자기 이익에만 우선이었지만, 자기 사업에서는 고객이 아닌 사업자로서의 자기 이익에만 몰두하기 때문에 눈이 멀게 되는 것뿐입니다.

  남에게 냉정한 비판의 잣대와 자격도 없는 심판의 눈동자를 굴리기 전에 자기 자신에게 먼저 분명하고 정확해야 합니다.

  쓰는 단어가 인생을 만듭니다. '못했다, 어렵다'라는 단어는 대부분 안 했다는 뜻입니다. 안 했다는 것을 스스로 솔직하게 인정하는 것부터 시작입니다. 스스로 건 마취에서 빠져 나와야 합니다. 우리는 그 과정을 실천이라 부릅니다.

  움직이지 않으면 물 한 모금 먹을 수 없는데, 변화를 바랄뿐 변하지 않는 사람을 너무 많이 봅니다. 자신에게 너그러운 사람은 실천을 하지 않습니다.

  갖고 싶으면 가지면 되는데, '갖고 싶다'라고 바라기만 하고 움직이지 않는 모습은 이제 그만 보고 싶습니다.

  우리가 안 하는 이유의 절반은 귀찮아서이고, 그 나머지가 쓸데없는 두려움과 고집과 절박함을 모르는 무사안일에 있습니다.

  현실이 불안할 때 많은 사람들이 긍정의 힘이라는 타이틀을 앞세우고 불안을 야기하는 근본 문제들을 외면하곤 합니다. 희망 고문의 뫼비우스 띠에 스스로를 올려놓는 것이죠.

  문제가 있다면 먼저, 문제가 있음을 인정해야 합니다. 그 다음 아무리 무서워도 그 문제를 정면으로 마주해야죠. 세 번째, 잘게 쪼개어 감당이 가능한 크기로 나누어야 합니다. 그리고 책임지면 됩니다.

대부분의 불안한 현실은 우리가 제대로 마주하길 피하고 있는 어떤 일들이 복합적으로 만들어낸 결과물입니다.

탁자에 있는 컵 속의 물을 마시고 싶다면 그냥 자리에서 일어나 컵을 들고 입으로 가져가면 그만입니다. 소설 같은 현실을 꿈꾸는 건 좋지만, 현실을 소설로 만드느라 목마른 갈증을 외면해선 안 됩니다. 그냥 일어나서 마시면 그만입니다. 그게 실천입니다.

하얀 종이를 폅니다.

첫 줄에는, 머릿속에 떠오르는 해야 할 일을 번호 매겨 써봅니다.

그 다음, 하고 싶은 일을 다시 번호 매겨 써봅니다.

일터에 도착하면, 첫 줄부터 실행에 옮깁니다.

그냥 합니다. 막 합니다. 당장 합니다. 그것을 즉시실행이라 부릅니다.

즉시 하시면 됩니다.

#어려운게아니고안하는겁니다

세상이 나를 먼지만큼도 인정하지 않는다면

누구도 나에게 돈을 쓰지 않는다.

그러니 그 인정함을 두려워하고

그 지불에 감사해야 한다.

대신 나 스스로 돈을 쓸 때는

큰 무게를 담아야 한다.

내가 받는 돈은 지금 나의 값이 되지만

내가 쓰는 돈은 내 미래의 값이 된다.

돈을 가볍게 대하는 자에게 찾아올 돈은 없다.

그래서 받을 때는 두려움과 감사를

써야 할 때는 미래를 걸어야 하는 것이

바로 돈의 가치이다.

'그것이 일 원이 안 되는 서 푼이어도

그것을 무섭게 여기고, 그것에 감사하라.'

Ecce signum
-여기에 증거가 있다

　내가 만약 화장품을 고양이용품을 가구를 유아용품을 모던 한복을 의료 컨시어지 서비스를 요리를 판다면 매일 한 번씩이라도 SNS를 통해 내가 누구를 위해 그것들을 왜 만들고 어떻게 만들고 누구에게 판매하고 있는지 '구체적으로' 일기를 쓸 것입니다.

　가능한 많은 사람과 나의 그 자랑스러운 삶을 공유할 것입니다. 그것들은 사업이자 상품이기 이전에 나의 존재 이유이고 나의 삶 그 자체이고 나의 자부심이며 나의 꿈이니까요.

　사업은 자랑스러워해야 하고 널리 알려야 하고 관계 맺어야 하고 공감과 교감을 통해 소통해야 합니다.

세상에 나를 알리는 습관, 그런 체질은 운명을 바꾸기 위해 갖추어야 할 첫 번째 덕목입니다.

기꺼이 당신과 당신의 것을 알리십시오. 사업가가 되려고 하지 말고, 사업이 인생인 사람이 되십시오.

다시 출발선에서

당신은 지금 어떤 출발선에 서 계신가요?

사회생활 첫 발을 뗄 때는 누구에게 배우느냐가 중요합니다. 그 순간 일에 대한 태도와 습관이 잡히는 경우가 많기 때문입니다.

기술과 경력은 그 다음입니다.

그래서 좋은 선배를 만나 좋은 태도를 갖춘 다음에는 어디서 무슨 일을 하느냐가 중요합니다.

때문에 주임이나 대리급의 경우, 시스템이 잘 갖추어져 있고 전통 있는 회사만을 찾기보다 아직 일이 맹렬하게 살아 있어 미처 시스템을 갖출 여력이 없는 벤처나 중소기업 중 본인의 적성과 맞는 일이 있는 곳을 찾으라고 추천하곤 합니다.

그 다음은 리더십이 중요하죠.

혼자서 해낼 수 있는 한계치까지의 경험이 끝나면, 이제 팀과 조직을 이끌어 과업을 수행하는 능력을 키워야 합니다.

이것은 평소 무엇을 공부하느냐가 중요한 문제가 됩니다.

인문학, 특히 고전과 역사 그리고 경제/경영에 대한 공부는 그

때까지 쌓인 경력과 경험 그리고 자신만의 고유기법들을 조직에 대한 책임감과 비전 제시 능력으로 승화시켜 자연스럽게 통찰력 있는 리더십을 갖추도록 해줍니다.

그 다음은 그릇의 문제라고 생각합니다.

그릇을 키우는 방법이야 각자의 상황과 위치에서 스스로 깨우쳐야 하는 것이기 때문에 감히 뭐라 말할 수 있는 부분은 아닌듯 합니다.

다만 무엇이든 시작이 중요한 만큼 일을 하는 이유, 일에 대한 태도, 일의 가치, 일하는 자로서 어디까지 책임질 만큼 성장할 수 있는가 등등의 문제도 처음의 출발선이 매우 중요하다는 것을 말하고 싶을 뿐입니다.

당신은 처음 출발선에 어떤 마음으로 섰습니까. 그리고 지금은 어떤 출발선에 서 있습니까.

#당신은처음출발선에어떤마음으로섰습니까

'기준'은 '왜'가 된다. 모든 행동의 이유,

브랜드 존재의 이유가 되고, 고유성이 되고,

고객이 우리를 식별하는 상징이 된다.

어떤 기준으로 소싱하고 만드는가?

어떤 기준으로 판매를 관리하고 고객 응대를 하는가?

어떤 기준으로 비용을 운영하고 투자를 기획하는가?

그러니 그 기준이라는 것이 어때야 할까?

확고해야 하며

우리와 고객이 함께 공유해야 하고

경쟁자와 비교 우위를 논할 필요 없는

차별성도 갖춰야 하고,

때로 그 세부사항은 시대와 상황에 따라 변할 수 있어도

지향하는 가치는 백년 뒤에도 변치 않을 수 있어야 한다.

어려운가? 생각보다 어렵지 않다.

고객이 우리와 같은 브랜드에게 바라는

일들의 이유를 고민하다 보면

우리가 잘 할 수 있는 핵심역량과 교집합이 되는

기준들을 찾아낼 수 있게 된다.

고집이 아니라 공감하는 기준.

빠르게 남다르게
끊임없이

　블랙스완 전략은 시장에 새롭게 진출하는 도전자에게 가장 큰 게임을 도모할 수 있도록 합니다. 결과론적 이론이라기보다 기존의 상식과 패러다임을 뒤집을 수 있는 원인을 인위적으로 구성할 수 있다는 전략적 관점에서 바라봐야 한다고 생각합니다.

　이것은 세스 고딘의 '보랏빛 소'에 대한 이야기와는 사뭇 다른 의미를 가지고 있습니다. 보랏빛 소가 다양한 관점 연구를 통한 시장 내에서의 새롭고 뚜렷한 존재감 확보를 목표로 하는 것이라면 블랙스완은 의도적으로 시장 전체 게임의 룰을 파괴하고 새로운 룰을 주도하는 것을 목표로 할 수 있습니다.

예측불허는 도전자가 아니라 기득권이 감당해야 하는 키워드입니다. 관성처럼 진행되고 유지되어온 순리와 기득권이 일순간 무너지는 것은 바로 그 예측불허의 사건에서 발생하고 있기 때문입니다.

현시대는 겉으로는 체감상 큰 변화가 없는 나날의 반복으로 보이기도 하지만 좀 더 깊게 들여다보면 모든 질서와 체계가 위기와 혼돈을 마주하고 있으며, 기존의 패러다임 수호자들이 안간힘을 다해 그 벌어지는 틈을 봉합하며 버티는 모양새입니다.

단언컨대 역사를 살펴보아도 혁명은 이런 때 도모해야 하는 것이고 작은 규모로 큰 상대를 무너뜨릴 기회 또한 이 순간을 놓쳐서는 안 됩니다. 돌아보면 지금 거대해진 대부분은 과거 이런 전쟁터에서 그 싹을 틔웠습니다.

백조가 될 것인가 흑조가 될 것인가

묻습니다. 더 많은 백조의 숫자를 늘리는 게임에 참여하여 이름 모를 한 마리가 될 것인지, 그 백조의 룰을 부숴버리고 새로운 시대를 예비할 흑조가 되려 할 것인지.

페이스북, 알리바바, 구글, 아마존 등 새로 만들어진 울타리들은 이제 국경과 민족을 넘어 이전보다 더 강력하게 백조들의 이름을 없애가고 있습니다. 한국의 강한 소프트웨어 경쟁력은 그 물결 속에서 희미하게 희석되고 있습니다.

무엇이 혁신입니까?

불안하고 괴롭고 고통스러워도 하얀 깃털을 다 뽑아내고 검은 깃털로 온몸을 감싸 새로운 시대의 흑조를 지향해야 하지 않을까요. 새로 태어나는 각오로 말이죠.

남하듯 하지 마십시오. 남처럼 가지 마십시오. 열심히 하지 마십시오.

빠르게, 남다르게, 끊임없는 시도를 하는 것이 답입니다.

실패를 두려워 한다는 것은 사실 실패 근처에도 가보지 못한 자들의 안일한 변명일 뿐입니다.

우리는 늘 혁신을 부르짖으며 안정을 도모합니다. 열심히 살았는데 바뀌지 않는다고 한탄하는 이유가 거기에 있습니다.

혁신(革新)은 '가죽 혁' 자에 '새로울 신' 자를 씁니다.

기존 가죽을 벗기는 고통을 감수하고 새살을 돋우는 만큼 두렵고 괴로운 일이라는 뜻이지요.

못해서 안 하는 것입니까? 두려워 안 하는 것입니까? 바꾸지 않고 바뀌기를 바라는 어리석음 아닌가요.

지금은 온 세계가 전쟁터와 같습니다. 볼품없는 쇠꼬챙이어도 날카롭게 다듬으면 창이 되는 시대입니다. 룰을 챙길 틈 없이 사방으로 열려 있고 소통되는 시대입니다. 스타트업이 각자의 자리에서 혁명을 꾀할 수 있는 기회의 시대입니다.

모여서 암울한 현실을 탓하거나 기존의 룰에서 해답을 찾는 우를 범하고 있을 시대가 아니라, 기상천외한 사고방식과 편법과 돌출 행동으로 몇백 년에 한 번 올까 말까 한 기회를 잡아야 할 시대입니다.

　저지르십시오. 시도하십시오. 지금은 99번 실패해도 한 번을 성공하면 천하의 주인이 될 바로 그런 시대입니다.

#남하듯남처럼열심히하지마십시오

돈을 못 버는 것인가, 안 버는 것인가?

 돈 이야기를 하려고 합니다. 먼저 한 가지 인정하고 넘어갑시다. 우리는 TV에 나오는 자연인처럼 산속에 움막 짓고 혼자살기를 선택한 것도 아니고, 종교인들처럼 모든 것을 내려놓고 평생을 섬김과 희생으로 살겠다고 하지도 않았으며, 돈을 벌어야 원하는 삶을 살 수 있는 자본주의 사회를 살아가고 있음을 솔직하고 분명하게 인정해 주세요.

 돈을 많이 벌려 하는 것 자체는 결코 나쁜 게 아닌데, 돈이 궁하면서도 돈 얘기를 꺼내는 건 꺼리는 이상한 습성이 우리 대부분을 돈과 더 멀어지게 만듭니다. 그러니 우리가 어떤 사회에 살고 있으며 무엇을 원하는지부터 분명하게 자각해야 합니다.

내 돈이 아니면 내 돈이 아니다

흔히 '돈을 못 번다'라는 표현을 합니다. 이것은 사실 무언가, 혹은 누군가가 내가 돈 버는 것을 막는다는 의미입니다. '못 번다'는 불가항력을 뜻하니까요. 그럼 도대체 무엇이, 누가 나의 돈 벌기를 막는 걸까요? 누가 내가 돈 버는 것을 방해하고 있는 걸까요?

이 질문에는 많은 답이 있을 수 있지만 사실 가장 중요한 답은 정해져 있습니다. 그 방해꾼 중 가장 강력한 존재는 바로 자기 자신이기 때문이죠. 그리고 그 이유는 돈의 성질과 벌이의 구조를 알면 쉽게 납득이 될 것입니다.

먼저 돈의 성질은 단순합니다. 생명이 없는 물건이기에 파악하기도 쉽죠. 돈은 그냥 가치 교환의 수단입니다. 그리고 혼자서 움직일 수 없습니다. 반드시 사람의 의지가 작용해야만 이동할 수 있습니다. 그러니 돈의 성질이 아니라 사실 인간이 돈을 쓰는 이유와 동기에 집중하는 게 맞습니다. 그리고 그 속에서 소비나 축적, 벌이의 구조도 알 수 있게 되는데, 그중 벌이에 대해 집중해 보겠습니다.

벌다: 일을 하여 돈 따위를 얻거나 모으다.

국어사전에 나오는 뜻풀이입니다. 우리는 두 단어에 집중해야 합니다. '일'이라는 단어와 '얻는다'는 단어입니다.

돈은 누군가에게 그가 원하고 필요로 하는 일을 해주고 얻는 것입니다. 왜 '얻는다'는 표현을 쓰냐면 내가 일을 해주어도, 상대가 '배째라' 식으로 나오면 받을 수 없는 것이 돈이기 때문입니다. 굉장히 중요한 부분입니다.

돈에 있어서 그 권리나 정의는 돈을 가진 쪽에 전적으로 존재한다는 것입니다. 이것은 법 이전의 현실에 대해 드리는 말씀입니다.

때문에 나에게 오지 않은 돈 중에 내 것은 없습니다. 그러니까 기억하세요. 받기로 한 돈이나, 받을 돈이나, 받아야 되는 돈은 내 돈이 아닙니다. 내 주머니에 들어오지도 않은 그런 돈들을 내 돈이라고 생각하는 것이 바로 '돈을 못 번다'라고 말하는 자신을 만드는 방법입니다.

여기까지 읽은 소감이 어떠신가요? 혹시 싱겁거나 별것 아닌 것 같으신가요? 그렇다면 돈에 대해 이런 식으로 진지하게 생각해 본 적이 있는지 묻겠습니다.

사랑과 전쟁의 공통점이 있습니다. 둘 다 상대에게 깊은 관심을 가지고 몰입해야 한다는 것입니다. 이 짧은 글 속에도 개인뿐만 아니라 사업의 수익 구조를 바꿀 수 있는 팁이 들어 있습니다.

#나에게오지않은돈중에내것은없다

가난은 유전도 아니고 유산도 아니다.

대부분의 경우 성인 이후부터 그것은

자신의 선택이고 습관과 태도의 결과다.

그러니 억울하다고 하지 마라.

혹 억울할 만하더라도 억울하다 울고 한탄해도 바뀌는 건 없으니까.

그냥 새로운 기준으로 선택하고 새로운 습관을 가지려 노력해야 한다.

아니 거기에 모든 것을 걸어야 한다.

그러기 위해 먼저 새로운 태도부터 기억하라.

안 써서 아끼고, 모으고, 버는 게 아니다.

벌어서 안 쓰고, 아끼고, 모으는 것이지.

버는 체질부터 만들어야지

안 쓰는 체질 백날 만들어 봤자 안 써도 될 만큼이 없는데

무엇을 모을 수 있겠는가.

바꿔야 한다.

지금 당신이 마주하는 돈에 대한 현실이

지금까지 가지고 있던 생각과 관점의 결과다.

그러니 변화가 필요하다.

돈을 못 버는 것이 맞는가?

혹시 안 버는 것 아닌가?

돈을 밀어내는 체질과
끌어당기는 체질

 지인의 이야기입니다. 어느 날 동생이 남자친구에게 강아지를 선물 받아 집에 들였답니다. 다른 식구들은 모두 동물을 좋아해 환호성을 지르며 환영했는데, 워낙 동물이 털 날리는 걸 싫어해 맘속으로 그 상황을 몹시 못마땅하게 여겼답니다.
 하지만 식구들이 모두 좋아하니 반대할 수 없어서 그냥 강아지의 존재 자체를 무시했다더군요. 맘속으로는 강아지가 싫지만 그냥 내색하지 않고, 대신 식구들에게 강아지를 자기 방 안에 들어오지만 않게 해달라고 부탁했답니다.
 그런데 시간이 지나며 이상한 일이 일어납니다. 그 강아지가 자꾸 본인 방 앞에만 볼일을 보는 거죠. 결국 강아지 훈련 전문가에게 상담을 했더니 이렇게 말했다고 합니다.

"사람처럼 강아지도 겉으로 내색하지 않는다고 해도 상대가 날 싫어하는지 아닌지를 느낄 수 있습니다."

이 이야기는 저에게 참 많은 깨달음을 주었습니다. 논리적으로 이유를 모르겠는 어떤 상황들 중 상당수가 바로 이처럼 감정적인 부분 때문에 발생하는 경우가 많다는 것을 알게 되었죠.

돈도 이와 같음을 말씀드리고 싶습니다. 돈 역시 싫어하거나 무관심한 경우에는 나에게 오지 않습니다. 정확하게 말씀드리면 돈 가진 사람을 싫어하거나 그에게 무관심해서는 돈을 벌 수가 없다는 것이죠.

그러니 나에게 돈을 줄 수 있는 대상을 인정하고 존중하고 좋아해야 합니다. 무시해서도 안 되고 무관심해서도 안 됩니다. 그것이 돈을 밀어내는 체질과 끌어당기는 체질의 첫 번째이자 가장 근본적인 차이입니다.

돈을 끌어당기는 힘

저는 돈을 잘 버는 사람 중에서 본질적으로 돈 자체가 목적인 사람을 본 적이 없습니다. 돈으로 교환하고 싶은 현실적인 가치가 목적이고 거기에 쓰기 위한 목적으로 돈을 버는 것이죠. 그게 바로 돈 버는 체질이 가지고 있는 돈을 끌어당기는 강력한 힘이기도 합니다.

그래서 저는 늘 실현 가능한 구체적인 목표를 강조합니다. 돈을 가지고 난 다음 하고 싶은 것을, 돈이 있어야 할 수 있는 것을, 얼마를 목표로 어떻게 가질 것인지 구체적으로 정리하여 목표로 삼는 것이죠.

이것은 어떤 과업을 완수하겠다, 또는 얼마의 매출을 달성하겠다 등의 목표와는 분명 다릅니다. 그러한 목표는 오히려 내가 원하는 것을 해내기 위해 필요한 돈을 버는 과정 속의 작은 목표나 계획에 가깝죠. 관점이 조금 다른 것입니다. 그러나 이 작은 차이가 결국 큰 결과적 차이를 만듭니다. 좀 더 쉽게 예를 들어 보겠습니다.

다음에는 아우디 A6를 사겠다.
사무실을 같은 지역에서 두 배 큰 곳으로 옮기겠다.
성수동에 30평대 아파트를 사겠다.
후원 대상자를 늘리겠다.
가족을 데리고 일 년에 세 번씩 여유 있는 해외여행을 가겠다.

이런 목표에는 언제까지, 얼마가 필요한가가 따라 붙습니다. 공통점은 현실적으로 나에게 소유물이나 특정의 새로운 가치가 생기는 것입니다. 당연히 현재 가진 것보다 많거나 좋은 것을 지향하고 있기에 이러한 목표를 구체적으로 정리하다 보면 이 가치들에 걸맞은 다른 비용의 증가도 계산이 나옵니다.

그리고 이러한 목표에 대한 강렬한 열망과 욕구가 우리에게 왜 돈을 벌어야 하는지에 대한 이유를 분명히 알게 해주는 것입니다.

막연한 불안감에 대응하기 위해 그저 많이 벌어야겠다는 태도는 우리를 돈에게서 점점 멀어지게 할 뿐입니다. 목표도 불분명 하지만, 돈도 강아지처럼 안 좋은 에너지에는 따르지 않습니다. 내가 즐거워하고 내가 기뻐하는 데 쓰기 위해 구체적인 목표를 세우고 돈을 벌려 할 때 돈도 신이 나서 꼬리를 흔들며 다가오는 법이죠.

내가 원하는 것을 갖는 것이 목표가 되어야 합니다. 잃지 않기 위함이 아니라 갖기 위함이라는 것을 잊지 마세요. 잃지 않는 것을 목표로 하면 돈은 강아지처럼 또 도망갑니다. 그건 부정적인 느낌이니까요.

그리고 목표가 확실해지면 그것을 위해 얼마가 필요한지 구체적으로 계산하고 정리합시다. 그 돈을 벌기 위해 누구를 위해 무엇을 어떻게 해야 하는지 생각하는 게 바로 제대로 된 일하기와 필승 전략의 시작입니다. 다시 한번 강조하겠습니다.

얼마를 벌지가 1번이 아닙니다. 무엇을 갖고 싶은지, 무엇을 하고 싶은지, 거기에 얼마가 필요한지를 구체적으로 정하는 것이 1번입니다.

#싫어하거나무관심한경우돈은나에게오지않는다

장사는, 사업은 사람을 남기는 것이라는 말을 많이 한다.

그럼 여기서 그 '사람'이란 누구를 가리키는 걸까?

"돈은 혼자 걸어 다니지 않는다!"

장사는, 사업은 사람을 남기는 게 맞다.

그러나 그 올바른 의미는 이렇다.

장사는, 사업은 나에게 돈을 쓸 사람들에게

나라는 사람을 남기는 것이다.

이 기본을 모르고 헤매는 경우가 너무나 많다.

돈을 받아야 하는 입장에서 사람을

남긴다는 의미로 접근하면 안 된다.

그들에게 돈을 받아야 하는 나라는 사람을

그들에게 남겨야 하는 것이다.

그러한 관점과 태도가 소비자를 고객으로 만들고

고객을 단골로 만들고,

단골을 팬으로 만들 수 있는 이치가 된다.

에너지 집중의
법칙

여러분은 돈 버는 체질을 만들려고 할 때 어떤 부분이 가장 중요하다고 생각하십니까? 저는 태도와 관점이 가장 중요하다고 생각합니다. 모든 일이 다 그렇지만.

내가 정말 돈을 벌겠다는 태도가 있는가? 내가 정말 돈을 존중하는가? 인정하는가? 이런 태도가 있는가? 돈을 어떤 관점으로 바라보는가? 안 좋게 바라보는가? 습관에 대한 방식으로 바라보는가? 아니면 돈 자체의 유용함과 존재가치를 인정하는가?

돈을 많이 벌고 싶으면 에너지를 돈에게 집중해야 합니다.

맨날 골프 치고 문화생활 한다고 하는데, 그게 다 돈 벌기 위해서 한다는 거는 핑계 아닐까요. 골프를 치다가 인맥이 쌓여서 그 인맥의 관계를 통해서 돈을 벌 수는 있겠지만, 골프를 쳐야만 더 큰 돈을 벌 수 있다는 것은 말도 안 되는 소리입니다,

그냥 내가 골프라는 운동을 좋아하는데, 그 골프를 치다 보니 만나는 사람들끼리 합이 맞고, 그 사람들끼리 서로 주고받을 수 있는 기회가 있고, 그러다 보니 그걸 통해서 돈을 벌게도 된다는 것입니다.

꼭 골프만 말하는 게 아니라 시간이 많이 들어가는 운동이나 문화생활도 마찬가지입니다.

돈을 가진 사람들에게 더 집중

저라면 좀 더 돈에게 에너지를 집중하겠어요. 그 돈을 가진 사람들에게 에너지를 좀 더 집중하겠어요. 더 중요한 건 내가 돈 버는 액수, 규모를 늘려나가고 싶고, 내가 돈 버는 체질의 수준을 올리고 싶다면 먼저 경쟁자를 정하고 그를 파악하겠습니다.

내가 가고자 하는 곳에 이미 가 있는 사람을 경쟁자로 삼으세요. 나랑 비슷 비슷한 수준을 경쟁자로 삼아선 안 됩니다. 내가 올라갈 곳에 먼저 가 있는 대상을 경쟁자로 삼아야 되죠.

그리고 그들을 관찰하세요. 그들을 연구하세요. 에너지를 거기다 쓰세요.

에너지는 그렇게 상향으로 가는 데 써야 되는 거지, 에너지를 아

래로 내려가거나 평균을 지키려는 데 쓰면 그게 바로 기업의 정체이고 하락입니다.

여러분을 돈을 버는 데 있어서 누구랑 경쟁을 해보셨습니까?

'나는 목표가 월 500만 원을 벌었으면 좋겠다'라고 한다면 지금 월 500만 원을 못 벌고 있다는 것인데, 그렇다면 500만 원 이상 버는 사람들과의 게임에 참여하려면 언제야 하는지, 그 사람은 어떤 사람들인지 연구해 보셨나요?

내가 월 500만 원을 못 번다고 한다면 오히려 월에 1,000만 원을 버는 사람들의 수준을 바라보아야 합니다. 그들이 어떤 사람인지 그 체질이나 습관, 성향을 파악하다 보면 거기서 보입니다.

내가 갖추지 못한 점들을 의식하면서 자기에게 체득시키면서 응용하려고 노력하다 보면 어느새 500만 원을 벌 수 있는 사람이 되는 거죠.

그게 바로 경쟁자의 힘입니다. 나하고 직접 실적을 가지고 싸우는 사람만 경쟁자가 아니라 내가 목표로 하고 있는 부분들에 먼저 가 있는 사람도 내 인생에서 좋은 경쟁자입니다.

아마존의 제프 베조스가 말했습니다

"우리의 경쟁자들이 우리를 이기려고 우리를 의식하고 우리를 바라볼 때 우리는 우리의 고객만 바라봤다. 그래서 우리는 이길 수밖에 없다."

언뜻 들어보면 경쟁자 같은 건 신경도 쓰지 않고 경쟁자는 보지도 않고 고객한테만 집중했더니 이겼다라는 소리입니다. 이 말의 뜻은 사실 '경쟁자가 누구라는 걸 분명히 알고 있고, 그 경쟁자를 이기기 위한 가장 압도적인 방법이 바로 고객한테 집중하는 것이다' 입니다.

내가 목표로 하는 '돈을 많이 벌겠다' 는 목표가 있다고 하면 집중력이라든지 체력이라든지 시간이라든지, 내가 돈으로 바꿀 수 있는 돈으로 만들어 낼 수 있는 생산력에 해당되는 이 에너지를 상향에 집중해서 써야 합니다. 그 에너지를 분산시키지 않는 게 중요한 겁니다.

첫 번째는 내 자체가 얼마를 벌려고 하는지, 얼마가 목표인지 구체적으로 정하고 그 목표에 이미 다다른 저 위에 있는 사람들에게 에너지를 집중해 보는 거죠. 거기서 방법을 배우고 힌트를 얻고 영감을 얻고 나머지 전체 에너지는 내가 실천하는 데 쓰는 거죠.

별거 아니죠. 엄청 간단하죠. 그런데 이 간단한 걸 안 합니다.

이걸 안 하니까 어제랑 똑같은 거예요.

#그런데이간단한걸안합니다

나보다 위에 있는 대상을 경쟁자로 설정하고

그들을 관찰하고

그들을 복사하라.

그 과정에서 보이는 것, 영감을 얻는다면 즉시 실천하라.

그것에 모든 에너지를 다 집중하라.

그러면 빨리 벌 수 있고 많이 벌 수 있고

먼저 올라갈 수 있다.

바꿔야 바뀐다.

눈과 귀와 입의
성질 바꾸기

　인간은 늘 세상을 자기 위주로 마주합니다. 사회적 규범인 법적 기준을 제외하고는 세상의 도덕이나 정의 등을 나의 만족에 대입하여 정의하는 본능이 있죠.

　그래서 우리는 자칫 세상을 반쪽만 바라보게 됩니다. 즉 나에게 이로운가 아닌가로 따지니 상대의 입장에서 바라보는 관점을 잃기 쉽다는 뜻입니다. 어쩌면 그것은 정말 많은 기회를 놓치는 이유가 된다고도 할 수 있죠. 왜냐면 앞에서 말씀 드린 것처럼 내가 벌 돈은 나 아닌 다른 사람에게서 가져와야 하는 게 이치인데 내 입장의 유리함만 생각하다 보니 벌기보다 쓰는 쪽에 가까워지기 쉽기 때문입니다.

그래서 우리는 눈과 귀와 입의 성질을 남다르게 바꿔야 합니다. 일반적으로 그 3가지는 나를 중심으로 내가 보고, 듣고, 말하고 싶은 것에 집중하고 있으니 사실 타인에게서 돈을 가져올 기회의 차단막 역할을 하는 경우가 많습니다. 그래서 그 성질을 거꾸로 돌리는 일이 필요합니다.

결핍, 두려움, 욕구를 찾아내는 눈, 귀, 입

눈의 성질은 내 위주가 아닌 타인의 입장에서 바라보는 습관을 갖게 해야 합니다. 똑같은 환경, 조건에서 타인의 눈은 어떤 기준으로 좋고 싫음을 구분하는가, 무엇을 더 멋지게 보는가, 어떤 모양으로 보이는 것을 원하는가를 알 수 있도록 하는 것입니다. 내 고유의 주관을 배제하고 그들의 눈이 가지는 선택의 기준을 파악할 수 있어야 내가 무엇을 내보일 때 상대가 만족하려 돈 쓸 확률이 높아지니까요.

이것은 순수 예술과 상업 예술의 차이와도 같습니다. 순수 예술은 내가 보여주고 싶은 것에 집착하지만 상업 예술은 상대가 보고 싶어 하는 것에 집중함으로써 구매 욕구를 불러일으키고 활발한 거래와 가치 상승을 가능케 합니다. 상대의 입장에서 바라보는 눈으로의 성질 변화는 그래서 중요합니다.

우리의 귀는 부정적이거나 귀찮거나 각종 듣기 싫은 잔소리를 걸러내는 뛰어난(?) 능력을 가지고 있습니다. 아니 정확하게 말하면 우리가 귀를 그렇게 내 편한 대로 반쪽만 쓰는 것이죠.

그러나 돈을 버는 귀의 성질은 그렇지 않습니다. 돈을 버는 성질을 가지고 있는 귀는 세상 사람들의 결핍, 불편, 두려움 그리고 욕구를 듣는 데 최적화된 귀입니다.

흔히 말하는 '꿀 정보'를 들을 줄 아는 귀는 사실 돈 버는 성질을 가진 것이 아닙니다. 그건 거꾸로 상대가 나의 결핍과 두려움과 욕구를 이용해 자기 이익을 취하기 위해 제공하는 것을 내 위주로만 듣고 있는 것이니까요.

그러니 그것은 돈 쓰는 정보를 듣는 성질을 가진 귀라고 할 수 있습니다. 우리가 일반적으로 가지고 있는 귀죠.

나에게 유리한 것이 아니라 상대의 불만족과 욕구를 들을 줄 아는 귀가 그래서 필요합니다. 무엇을 제공해야 상대가 나에게 돈을 줄지는 바로 그런 것을 들어야 알아낼 수 있으니까요.

내 자랑하고, 내 욕구를 풀고, 내가 하고 싶은 말을 하기 위해 입을 쓰는 경우가 많습니다. 그리고 당연히 입은 그러라고 있는 것이라 여깁니다.

틀린 말은 아니지만 그런 입은 그냥 상대에게 나에 대한 정보를 제공하고 나를 파악해 내 돈을 가져갈 수 있게끔 하는 성질을 가진 것일 뿐입니다.

돈을 버는 성질을 가진 입은 그렇지 않습니다. 그 입은 물음표를 품고 삽니다. 즉 상대에게 질문하고 상대에게 답변하는 데 최적화되어 있습니다. 상대가 무엇에 결핍과 두려움이 있고 정말 무엇을 필요로 하는지 그 질문을 잘하는 입이고, 그 질문에 답하는 상대에게 그가 원하는 해결책을 답으로 줄 수 있는 입이어야 돈 버는 성질을 가진 입인 것입니다.

결론적으로 우리의 눈은 상대의 입장에서 세상을 바라볼 줄 알도록 훈련시켜야 합니다. 그러기 위해서는 내가 쓰고 있는 안경을 벗고 나를 비울 줄 알아야 하겠죠.

두 번째, 귀는 늘 세상이 쏟아내는 불만과 요구 사항을 듣는 데 열어놔야 합니다. 그 모든 것이 돈이 되는 금맥 같은 귀한 내용들이니까요. 듣고 싶은 걸 듣지 말고 상대가 들려주고 싶어 하는 것을 듣는 데 더 많이 써야 합니다. 그러려면 상대가 왜 저런 말을 저렇게 하는지에 대한 물음표가 수반되어야 하겠죠.

마지막으로 입은 상대의 내면 정보를 꺼내게 하는 질문과 상대의 처지에 공감하는 말을 하는 데 익숙해지도록 훈련해야 합니다. 우리 자신이 그렇듯 상대도 내가 하고 싶은 말에는 큰 관심이 없습니다. 자기가 듣고 싶은 말에 관심이 더 많죠. 그리고 그런 말은 자신의 결핍, 두려움, 욕구에 대한 대답과 같습니다.

한 줄로 요약하면 이렇습니다.

"돈 버는 성질을 가진 눈, 귀, 입은 돈을 가진 상대를 위해 준비하고 실행하는 데 최적화되어 있다."

여러분 생각은 어떠신가요? 그리고 여러분의 눈과 귀와 입은 어떤 성질을 가지고 있다고 생각 하시나요?

#우리의눈은상대의입장에서세상을바라볼줄알도록

비즈니스에 있어 상대가 믿음의 증거를 요구한다고 해도

아주 작은 약한 틈조차 보여줄 필요가 없다.

착각하는 것일 뿐이지

믿음은 약점을 보여주는 것과 아무 상관이 없기 때문이다.

강해지는 것이 아니라 약함을 드러내지 않는 것이다.

단순한 진리다.

승자의 법칙은 업데이트가 아닌 업그레이드.

결핍 노트 만들기

저는 사람이나 시장에 대해 분석할 때 항상 3가지 키워드를 적용합니다. 결핍, 두려움, 욕구가 바로 그것이죠.

그리고 그중 가장 중요하게 여기는 것은 결핍입니다. 저는 사람들이 플러스 알파를 갖는 것보다 마이너스 알파를 채우는 쪽의 욕구가 더 강하다고 생각합니다.

불편의 개선, 필요의 충족, 아쉬움의 해소 등이 바로 이 결핍을 보는 눈을 통해 찾아낼 수 있는 비즈니스 모델, 또는 상품 기획의 성공 방정식이 되는 것이죠.

그래서 결핍 노트 만들기를 강조합니다.

결핍 노트 쓰는 9단계

1단계. 누군가의 불만을 캐치하라.
2단계. 그 불만의 이유를 파악하라.
3단계. 그 불만을 어떻게 해소하고 싶어 하는지 파악하라.
4단계. 이러한 불만을 가진 집단이 있는지 조사하라.
5단계. 그 집단이 가진 공통점을 파악하라.
6단계. 그 대안이 되는 상품이나 서비스를 기획하라.
7단계. 이미 6단계가 시장에 존재하는지 조사하라.
8단계. 그것의 성공 또는 실패 원인을 분석하라.
9단계. 6단계를 강화하라.

이렇게 나열하면 일이 많고 복잡해 보이지만 사실 생각하는 훈련과 즉시 실천하는 습관이 잡히면 빠르고 효율적인 정리가 가능합니다.

다음 4가지 마케팅의 축을 대입하면 더 밀도 높은 결과물을 만들 수 있습니다.

첫째, 특정 영역에서 비교 우위의 좋은 상품인가?
둘째, 타깃 고객과 공감이 가능한 스토리를 갖춘 광고인가?
셋째, 두려움을 해소시키고 알기 쉬운 고객 언어로 접객하는가?

넷째, 고객과 계속 소통하는 관계 관리를 하는가?

결핍 노트의 소재가 캐치되면 그때부터 위의 9단계 작성법을 따르며 그 가운데 4가지 마케팅의 축을 기준으로 연구하고 생각하고 정리하는 훈련을 해보시기 바랍니다.

이 과정에서 새로운 사업이나 상품 및 서비스 개발의 구체적인 아이디어를 얻을 수도 있으나 이런 훈련을 반복해 습관으로 만들면 시장이나 군중, 고객의 심리를 비롯해 판매와 구매 사이의 역학에 대해 많은 통찰을 얻을 수 있게 됩니다.

즉 돈을 벌 줄 아는 사고방식을 갖추게 되는 것이죠. 그리고 이것이 체질 변화의 기초가 됩니다.

#결핍을통해찾아라

돈이 있는데 능력이 부족하면
점점 까먹기 마련이고
능력이 있는데 돈이 부족하면
고집과 한숨만 커지기 마련이다.
돈이 인생을 행복하게 하는 필수요소나
기업 목표의 최종점이 될 수는 없다.
그러나 돈이 없으면 인생은 불행해지기 쉽고
기업은 시나브로 난파선이 되기 쉽다.
돈 얘기 하는 것에 부끄러워도
망설이지도 말고 당당할 것.

CHAPTER
2

창업

돈은 버는 게 아니라 벌리는 것이다

인생과 사업은
다르지 않다

일은 재밌어야 합니다. 사업도 재밌어야 합니다. '그러면 일도 사업도 무조건 잘 된다'가 제 주장입니다.

그렇다면 사람은 언제 재미를 느낄까요?

초등학교 미술 시간으로 돌아가 봅니다. 선생님이 교탁에 화병 하나를 놓고 정물화를 그려 보라 하십니다. 그림 그리기를 좋아하는 저는 금세 빠져들어 신나게 스케치를 하고 물감을 섞고 저만의 화병을 그립니다.

수업이 끝날 무렵, 선생님이 제 옆에 오시더니, "와! 우리 종윤이 그림 참 멋지다!"라고 큰 소리로 칭찬하고 뒤편 벽에 제 그림을 붙이십니다.

　얼굴은 빨개지고, 조금 부끄럽긴 하지만 너무 신나는 것은 어쩔 수 없습니다. 제가 좋아서 한 일을 누군가 호응하고, 인정하고, 칭찬해 주니 당연하죠.

　그 뒤로는 미술 시간이 제일 기다려지고 오늘도 칭찬 받고 싶은 맘에 더 정성을 기울이게 됩니다.

　'영재발굴단'이라는 프로그램에 나오는 영재들 대다수가 이런 과정을 통해 능력을 더 키워 나간다고 합니다.

　일도 사업도 마찬가지입니다.

　내가 관심 있고 좋아하는 일을 하며, 그 결과에 호응하는 이들을 만나 관계를 맺고, 소통하다 보면 우리의 능력은 절로 성장하고 결과는 탁월해집니다. 그 결과 팬들은 계속 늘어나게 되며 더불어 일과 사업이 잘 되게 됩니다. 묻습니다.

- 나는 무엇을 하고 싶어 하는가?
- 나와 관심사가 비슷한 이들은 어디에 있는가?
- 나는 그들과 어떻게 소통하고 교감하는가?
- 나는 그들의 이야기를 듣는 것을 즐기는가?
- 그들에게 칭찬받는 즐거움을 위해 적극적인가?

　일과 사업, 마케팅도 마찬가지입니다.

광고에 너무 치우치지 마세요. 광고가 내가 관심 있고 재미를 느끼는 내 업이 아니라면, 그건 그분들께 맡기세요.

예전 싸이월드 시절부터 블로그, 카페, 페북, 인스타… 새로운 친구들을 만날 때 결국 가장 재미있고 신나고 끈끈한 관계는 공통의 관심사로 생겨나곤 했습니다. 밤을 새고 눈이 빨갛게 충혈되어도 너무나 재밌는 일들은 내가 좋아하는 일이고, 그 일은 종류가 무엇이든 호응하는 대상들을 통해 에너지를 더욱 배가시키게 됩니다.

예전에 어떤 대표님께 이런 말씀을 드렸습니다.

"고객은 우리를 모니터로 만나지만, 우리가 재밌는지 아닌지를 느끼십니다. 우리가 즐거우면 그분들도 그 에너지를 느끼고 함께 활발하게 어울립니다."

광고는 우리의 에너지를 외부에 전달해 주는 역할을 합니다. 그러니 광고의 효율과 효과를 상승시키는 것도 우리가 얼마나 끝내주는, 신나는 에너지를 발산하느냐로부터 출발합니다.

우리가 하는 일로 칭찬 받기, 웃게 하기, 신나게 하기. 우리가 잊지 말아야 할 세 가지입니다.

일은 무엇으로 하는가

가끔 감히, 그런 말을 합니다.

"사람들이 바닥을 쳐봤다는 말을 많이 하는데, 나는 지하 15층에서부터 올라왔다"고. 바닥은 오히려 거기서 올라와 만난 정상과도 같았다고 말이죠.

그렇게 살아내면서 깨달은 것이 있습니다.

"목표를 향해 나아가는 과정에서 고난을 만났을 때 마침표를 찍으면 절대 승리라는 느낌표를 가질 수 없다. 쉼표까지는 모르겠지만, 절대 마침표는 안 된다. 함부로 포기하거나 멈추지 말아야 한다!"

그러려면 뭐가 필요할까요?

그 필요한 것을 찾다가 다시 깨달은 것이 있습니다.

"일은 기술로 하는 게 아니라 마음으로 하는 것이다."

마음가짐, 태도. 그게 기본이자 전부입니다.

사업에 필요한 여러 방법도 중요하겠지만, 결국 승리의 비결은 불굴의 자세, 멈추지 않는 의지입니다. 바로 그 마음이 가장 큰 승리의 비결입니다.

자세와 태도가 모든 것을 이깁니다.

승자가 되고 싶다면, 승자의 심장을 가지세요. 기술이 아니라 마음입니다.

영웅의 이야기를 접하다 보면, 그가 정상에 우뚝 서며 하는 이야기가 있습니다.

"나를 없애려 한 모든 시도가 나를 영웅으로 만들었다. 그들의 핍박이, 음모가, 나를 해치려는 모든 노력들이 나를 이렇게 강하게 만들었다. 그들은 스스로 가장 원치 않은 존재를 만들어낸 것이다."

살면서, 너무나 당연한 이치를 늦게 깨우칠 때가 많습니다.

어릴 적부터 저는 주변과 세상을 탓하는 데 익숙했습니다. 그림을 좋아하고, 음악을 좋아하고, 운동을 좋아하는 저에게 부모님은 그런 것들은 사는 데 아무 도움이 안 되니, 늘 공부 잘해서 일등 하는 것만을 강요하셨죠.

커서 제 한 몸 건사할 때 쯤 되어서는 집안의 장남으로서 무너진 가세를 바로잡고 이끌어야 한다는 책임을 부여받아 빨리 많은 돈을 벌어야 했습니다. 그렇게 살다 보니, 점차 주변과 세상은 저에게 바람직하고 강하고 반듯하고, 희생적이고, 앞서 나가는 존재가 되기를 은연중에 바라기 시작했습니다.

늘 무언가 답답하고, 분노가 치밀고, 괴롭고, 우울한 나날이었습니다. 아직도 그렇게 생겨나고 자란 마음의 병은 치유되지 않았고, 이제는 밉지만 매일 봐야 하는 친구처럼 함께 적응하며 지내고 있죠.

어느 날 어떤 자리에서 누군가 물었습니다. 당신은 어떻게 맨몸으로 이 자리까지 오게 되었고, 누군가에게 마케팅을 가르치고, 소위 말하는 일을 잘 한다는 사람이 되어 오늘처럼 우리 앞에 서서 무언가를 말할 수 있게 되었느냐고….

한순간의 망설임 없이 그때 저도 모르게 이런 대답이 터져 나왔습니다.

"사랑받기 위해 노력했습니다."

가진 것 하나 없는 제가 세상에게서 무언가를 얻기 위해 할 수 있는 일이라곤, 눈앞의 사람에게 필요한 존재가 되고, 대안이 없는 사람이 되고, 아껴줄만한 사람이 되는 것밖에 방법이 없었습니다. 무엇을 갖추고, 무엇을 줄 수 있으면 그런 사람이 될 수 있을까에 미치도록 빠져들 수밖에 없었습니다. 원하는 것을 갖추고, 실행하고, 결과로 만들어낼 수 있는 사람이 되어야만 살아남을 수 있었기에 전 늘 사랑받기 위해 애썼고, 그래서 처음 보는 누구라도 그 순간 반대로 제가 그를 사랑해야 했습니다.

#일은기술로하는게아니라마음으로하는것이다

경기는 늘 어려웠고, 해마다 연휴는 더 길어졌으며

대기업 횡포는 항상 있었고, 정부는 시장경제의 훼방꾼 노릇에 앞장이었다.

고객의 변덕스러움은 때를 안 가렸고 경쟁자들은 언제나 치사스러웠으며

투자나 대출은 학벌, 인맥 없으면 '넘사벽'이었고

직원들은 늘 일할 만하면 떠나고, 강호에 배신은 유행이었다.

대형매장 수수료 갑질에 애가 타고, 임대료는 천장이 없고

매출이 오르면 다음 달은 떨어지지 않을까 무섭고

매출이 떨어지면 이제 망하는 건가 무섭고

그래도 나름 시장점유율도 매출도 함께 올라가면

언제나 매출상승폭을 이기는 고정비 상승폭,

그리고 상해버린 위장, 대장, 간, 혈관 어느 샌가 사라져 버린 가족과의 시간들,

시나브로 늘어난 혼자만의 애타는 상념들.

그리고 또 이 밖에 몇 천 가지쯤 될 나머지 그것들….

사업가가 소주 한잔에 한번 무너지고 싶은 날이면

할 수 있는 수없이 많은 이야기들.

헌데 왜 사업을 하느냐고?

이봐! 질문이 틀렸어! 어떻게 그럼에도 불구하고

포기하지 않고 사업을 해내고 있는가를 물어 봐야지!

만 가지 중 구천구백구십구 가지가 고난이고 실패일 수 있다.

그러나 사업가는 마지막 남은 한 가지를 성공시켜

그것들을 구천구백구십구 가지의 경험으로 바꾸어 놓는다.

가계부의 힘

'버는 만큼 살아라'.

지금보다 창업하는 이들이 적고, 근로소득자가 대부분이었던 우리 부모님 세대에서 많이 회자된 말씀입니다.

각 가정에는 정말 깐깐한 재무이사님이 한 분씩 계셨죠. 바로 가계부를 쓰는 우리 어머님들이십니다. 여성동아, 여성중앙 같은 대표적 여성잡지에서는 늘 연말 부록으로 가계부가 나오곤 했었지요.

한정된 급여를 가지고 살림을 이끌어가시다 보니, 이분들의 돈 관리 능력은 대단하셨습니다. 여기저기 은행 같은 데서 알뜰 살림에 대한 강좌도 들으시고, 그 없는 살림에 부업도 하시면서 통장을 몇 개나 가지고 계시는 분들도 많으셨습니다.

저도 어릴 적부터 어머니께서 가계부 쓰시는 걸 보며 자라온 세대입니다. 어깨 너머로 보면서 주판 튕기시는 게 재밌어 주산학원을 갔고, 거기서 배운 주산으로 가계부 쓰실 때 도와드리기도 했죠.

어머니의 가계부는 단순히 지출을 아끼고 관리하는 것에 그치지 않았습니다. 수익과 비용, 자산과 부채의 현황을 세밀하게 파악해, 돈의 흐름을 정확하게 살피고, 월별 결산으로 얻어진 계산식으로 예산 관리까지 하는 수준이었습니다.

비용관리, 진짜 하고 계신가요?

어머니의 가계부는 저에게 많은 영향을 미쳤습니다. 작은 창업을 시작해서 어느 정도 규모가 커지기 전까지 모든 사업 운영의 현금 흐름은 이 가계부를 작성하는 방식으로 관리했고, 지금도 큰 틀은 그 가계부 경영 방식에서 벗어나지 않습니다.

물론 그보다 더 커지고 외부 거래 및 세무 등의 업무 규모가 커지면 전문가를 고용하거나 세무/회계 법인 등과 공조해야 하는 게 당연합니다.

그러나 창업 단계에서 아직 소기업을 경영하고 있다면 가계부의 힘을 먼저 갖추시길 권해드립니다. 단순한 듯 치밀하고 없는 살림에 헛돈 쓰지 않게 하고 예산 수립하는 습관과 대비하는 습관을 키워주거든요.

전문적이지도 않고 상식적인 데다 구식의 싱거운 이야기일 수도 있지만 '매출이 있는데도 불구하고 이익이 없는 대부분의 작은 사업체가 가진 공통의 문제점 중 하나가 바로 비용관리에 있다'는 사실을 알기에 드리는 말씀입니다.

우린 돈이 없어서 돈을 안 쓴다고 하시는 분들조차 세세하게 살펴보면 우리 어머니께서 말씀하시던 '헛돈' 쓰는 경우가 많더군요.

가계부, 쓰고 계십니까? 그러니까 '정말, 비용관리하고' 계신가요?

매출이 있다면 이익도 있어야 정상입니다. 아니, 마이너스가 줄어들든 없어지든 해야 정상입니다.

"이익이 없다면 사업이 아니다!"

제가 피터 드러커 님 만큼 존경하는 이나모리 가즈오 회장님의 명언입니다.

#이익이없다면사업이아니다

'비범(非凡)'의 뜻은 평범하지 않다는 것이다.

우리는 비범해지려고 사업을 시작했다.

그런데,

왜 세상이 가르치는 대로 사는가?

왜 뻔하게 계산기를 두들기고 사는가?

그거 다 우리가 진짜 성장하길 원하지 않는

기득권이 학습시킨 것이다. 일종의 세뇌.

바라는 건 비범이면서, 왜 평범하게 사는가.

창업자를 위한
눈사람 만드는 법

눈사람을 어떻게 만들까요?

우선 단단하고 둥근 코어를 만들기 위해 연탄재 등을 활용해 눈을 그 위에 바르고 두드리며 모양을 잡습니다.

두 번째, 눈 위에 굴리며 눈을 붙여나갑니다. 이때 모양을 잡기 위해 한 방향으로만 굴리지 않고 여러 방향으로 굴립니다.

세 번째, 붙은 눈이 떨어지거나 부스러지지 않게 중간 중간 단단하게 두드리고 다시 위의 과정을 계속 반복합니다. 덧바르고 두드리기의 반복.

마지막으로 원하는 크기와 모양이 나오면 사람처럼 꾸밉니다.

제가 만나본 창업자나 초기 사업자들 중 어려움을 겪는 분들의 공통점이 있습니다. 바로 앞의 3단계를 무시하고 마지막 단계인 근사한 모양내기에 집중한다는 점입니다.

눈사람 같은 브랜드가 되려면

첫째, 먼저 내 사업이 시장에 진입할 이유가 되는 창업 동기와 핵심가치, 전략이 단단한가가 가장 중요합니다.

둘째, 그 다음 눈밭 위에 굴리듯 작은 상태에서 다양한 시도를 통해 시장과 고객을 경험해 분석할 수 있는 데이터를 확보합니다.

셋째, 그 경험치가 의미를 갖도록 즉시 상품과 서비스 영역에 대한 보완, 개선 작업을 진행합니다. 마치 붙은 눈을 두드려 단단하고 둥근 모양으로 만드는 작업과 같습니다.

넷째, 그러다 보면 조금씩 시장은 확대되고, 고객은 늘어나기 마련입니다. 그러면 눈덩이가 커져 눈이 더 많이 붙듯 더 많은 시도를 하게 되고, 더 많은 경험 데이터를 갖게 되죠. 다시 그것을 눈 두드리듯 보완과 개선의 과정으로 만드는 것입니다.

다섯째, 그러다보면 멋진 눈사람 같은 브랜드가 되는 날이 오죠.

핵심은 연탄재로 코어를 만드는 단계와 작은 뭉치일 때부터 그 규모에 맞도록 계속 시장 경험을 적극적으로 하면서 빠르고 정확한 반응을 하는 체질을 만드는 것입니다.

큰 눈뭉치, 큰 눈사람은 그렇게 순리대로 차곡차곡 굴려지고 다

져지며 만들어집니다.

누가 v커머스로 성공했다고 처음부터 그들처럼 하려 하거나 기가 막힌 콘텐트를 만들어서 이슈가 된 사례를 따라하는 것은 연탄재에 눈 붙이는 단계에서 벌써 눈사람의 최종 모양을 만드는 것과 같습니다.

매일 백 원을 벌며, 그 백 원이 벌리는 이유를 연구하고, 그걸 개발, 적용하다 보면 어느 날 매일 천 원을 벌게 됩니다. 또 그때도 계속 천 원을 연구하다 보면 만 원을 벌게 됩니다. 저는 그것이 마케팅이라고 생각합니다.

규모가 큰 곳은 그 단계와 시간을 단축하기 위해 많은 돈을 쓰는 것이지, 본질은 같습니다.

눈사람을 그리지 말고 눈을 뭉쳐 굴리고 두드리고, 굴리고 두드리기에 집중하세요.

그러다 보면 처음 꿈꾸었던 눈사람, 또는 그보다 멋진 눈사람을 갖게 됩니다.

#백원을벌면백원이벌리는이유를연구하라

만일 당신이 배를 만들고 싶다면
사람들에게 목재를 가져오게 하거나
일을 지시하고 일감을 나눠주는 일은 하지 마라.
대신 둥둥둥,
큰 북을 쳐 그들에게 저 넓고 끝없는 바다에 대한
동경심을 심어줘라.
―생텍쥐페리

예비 창업가에게 묻는
7가지 질문

 창업은 사장이 되기 위해 하는 게 아니라 자기의 '일'을 하기 위한 것입니다. 스스로 제안하고, 진행하고, 책임지는 '일' 말이죠.
 그러니 창업을 결심했다면 내가 어떤 일을 할 때, 그것을 좋아하고 인정하고 현물가치와 기꺼이 교환해 줄 수 있는 고객이라는 동지, 지지자들이 실제로 있는지, 그렇다면 어디에 있는지, 그들이 정말 나의 생각과 능력을 인정해 줄지를 먼저 알아봐야 합니다. 다른 말로 시장조사라고도 할 수 있습니다.
 그 과정을 최대한 세세하고 꼼꼼하게 할수록 소위 말하는 사업계획서의 가치를 지니게 됩니다. 그 사업계획서로 엔젤 투자자에게 창업 자금 정도는 받을 수 있게 될 겁니다.

  창업 단계에서는 얼마를 벌 수 있는 시장성이 있는지가 먼저 고려되어서는 안 됩니다. 실제로 반응할 고객이 있는지, 거래가 일어날 수 있는 조건과 구조가 가능한지, 그래서 사람을 모으고 그들에게 보이고 설명하고 공감시키면 거래라는 것이 생겨날만한 상품인지, 서비스인지, 기술인지 그 현실적인 가능성을 최대치로 고려하는 것이 선행되어야 합니다.

  실패하면 한편의 이름 없는 판타지 소설로 끝나고 마는 것이 창업입니다. 그러니 '성공 가능성을 높이기 이전에 실패 가능성을 줄이는 준비를 해 보세요'. 그 과정을 통해 그리고 그렇게 해서 한 창업 후의 과정을 통해, 이후에는 성공 가능성을 높일 수 있는 역량을 갖추게 될 것입니다. 다음 7가지 질문에 스스로 답해 보세요.

다음 질문에 답하라

  첫째, 누구에게 왜 당신의 창업이 필요하다고 생각하는가? 누구의 어떤 결핍과 두려움에 응답하는가?

  둘째, 어떤 것을 보완하고, 어떤 시장을 창출하려고 하는가? 어떤 방법으로 상품성과 구매력을 갖출 것인가?

  셋째, 그 생각을 누구를 통해 어떻게 확인해 보았는가? 창업이 당신만의 시나리오는 아닐까?

  넷째, 그 상품, 그 서비스, 그 기술은 좋은 것인가? 지금 필요한

가, 너무 멀리 내다본 건 아닌가? 기능 또는 가치의 비교 우위가 있는가? 가격 결정권이 있는가? 대체 불가의 요소가 있는가?

다섯째, 어디서 어떻게 잠재 고객을 모을 것인가? 최소 3개의 통로를 알고, 그 구조를 이해하고 있는가? 그 통로의 스타들을 알고 있는가? 그 중 하나의 통로에서 당신 스스로 스타가 될 수 있는가?

여섯째, 그들이 왜 당신에게서 사고, 당신의 것을 써야 하는가? 고객의 욕구를 아는가? 고객의 두려움을 아는가? 고객의 가치 판단 기준을 아는가?

일곱째, 고객이 된 이들과 어떤 관계로 맺어져 지낼 것인가? 고객의 언어를 아는가? 연결 수단이 아니라, 소통 수단을 아는가? 그들이 당신을 다시 찾고, 계속 찾을 이유는 무엇인가?

#사장이되기위해서가아니라일을하기위해서였다

장사의 기본, 사업의 기본

창업에서 가장 중요한 것은 무엇일까요?
장사의 기본, 사업의 기본은 '관계'에 있습니다.

'돈 없고 백 없는 창업자'들은
요즘 창업하시는 분들의 쪽지를 자주 받습니다.
대부분 사이트에 대한 조언이나, 콘셉트, 마케팅에 대한 의견을 물어보십니다. 그중 어떤 분들은 자본 없이 생계와 미래의 성공을 위해 창업하였는데, 기본적인 광고를 위한 비용조차 없다 보니 막막하다는 말씀을 하시기도 합니다.

대한민국에 인터넷 쇼핑몰이 처음 등장한 후 몇 년 동안은 돈 없이, 또는 아주 소자본으로 창업하고도 성공을 기대할 수 있는 분야가 인터넷 쇼핑몰이었습니다.

하지만 지금은 거의 모든 일이 그러하듯, 이 분야도 부동산업과 마찬가지로 더 높은 인지도, 더 넓은 확장력을 확보하기 위해서는 강남 아파트 값처럼 부풀려진 비용을 감당할 수 있어야 하는 곳이 되었습니다. 백 퍼센트 그렇다는 것이 아니라 대세가 그렇게 흘러가고 있다는 것이죠.

그럼 이 분야에서 '돈 없고 백 없는' 창업자는 어떻게 해야 할까요? 창업스쿨에 강의를 가면 아래와 같은 말을 합니다.

"여러분이 지금 만약 인터넷 쇼핑몰이 아닌 오프라인으로 가게를 오픈한다면 어떻게 장사를 시작하시겠습니까? 오프라인에는 검색 엔진도 없고 키워드 광고나 배너 광고도 없기에 가게를 오픈할 때 광고보다는 '개업식'을 먼저 하실 겁니다.

개업식을 하면 마치 결혼할 때처럼 주변의 아는 사람 리스트를 최대한 확보해 연락을 합니다. 그러면 개업 축하 화분이나 축하금이 쇄도하고 개업을 축하하는 구매를 해줍니다. 바로 거기서 장사의 처음이 시작됩니다. 마치 보험업을 처음 하는 것처럼, 화장품, 자동차 세일즈를 처음 하는 것처럼. 우리는 혈연, 지연, 아는 사람 그리고 그 아는 사람의 또 아는 사람을 하나라도 찾아내어 내가 장사하는 것을 알리고, 이왕이면 나에게 사줄 것을 부탁도 하고 때로 강요도 합니다.

그리고 어떤 이들은 그 속에서 친구나 친분을 넘어선 충성 고객 관계를 생성해 냅니다. 그리고 결국 그 충성 고객을 밑천 삼아 입소문을 가능케 하고, 전혀 모르고 살던 사람들 중에서 고객을 만나는 수준까지 가게 됩니다.

성공의 공식은 오프라인이나 온라인이나 똑같습니다.

처음엔 친구가 개업 축하로 한 번 팔아주러 갔다고 하더라도 맛있는 식당이라면 다음에는 내가 좋아하는 사람들과 함께 가게 되고, 또는 주변에 '이왕이면…'이라는 생각으로 자신 있게 추천할 수 있게 됩니다. 맛있다면 말이죠.

내 부모형제, 내 친구들에게 만족을 줄 수 없고 인정받을 수 없다면, 내가 하는 그 어떤 장사도 성공할 수 없습니다. 반대로 그들부터 내 고객으로 만들어 가면 나는 그 누구에게도 인정받을 수 있는 장사꾼이 됩니다.

여러분은 지금 어떻게 돈을 마련해 남들처럼 광고할 수 있을까를 고민해야 하는 것이 아니라 내가 지금 당장 누구에게 팔 수 있을까를 고민해야 합니다. 어떻게 하면 그들을 만족시키고 공감대를 형성케 하여 이후 성공의 밑거름을 만들 수 있을까를 고민해야 합니다.

그게 바로 돈 없이 시작하는 우리들이 가장 중요하게 여겨야 하는 것입니다."

 마치 80년대 우리나라 축구 중계에서 습관처럼 나왔던 '정신력'과 같은 맥락의 말일 수도 있는 너무 당연하고 원론적인 소리입니다. 하지만 장사의 기본은 결국 '누가 파느냐, 누가 사느냐'라는 사람과 사람의 관계 형성 원리입니다.

 지금 돈 없이 창업하시는 분들, 지금 남보다 자금이 부족해서 광고나 마케팅 때문에 고민하시는 분들! 힘내시고 용기 내십시오. 출발이 미약하다고 끝이 미약하라는 법은 없습니다.

 정말 해야 할 일이 무엇인지 제대로 알고 충실하게 실천하다 보면 사람의 마음을 얻을 수 있고, 언젠가는 지금의 이 치열함이 그 어떤 어려움 속에서도 나를 승승장구하도록 지켜주는 힘이 될 것입니다.

#지금당장누구에게팔수있을까

당신이 사장이든 직원이든
회사를 만나러 가지 마라.
너의 일을 만나러 가는 것이다.
매너리즘을 그리고 자기 인생에 대한 불만을
외부에서 찾는 이들은 자기도 모르게 회사를
주어와 목적어로 삼는 경우가 많다.
회사를 가지 말고 일을 하러 가라.
너의 미래와 마주하는 과정을 겪으러 가는 거다.
너의 자아를 찾고, 너의 자존감을 성장시킬 수 있는
일을 하러 가서, 회사도 만나는 거다.
탓하며 살면, 탓하다 결국 뻔하고 형편없는 존재가 된다.
회사도 상사도 동료도 주변 누구라도
너의 매너리즘과 고난과 시련과 고민의 이유로 삼지 마라.
네가 바라는 성공을 이룬 이들은
자기를 완성하기에 바빠 그런 한가한 남 탓을 할 여유가 없다.
성공 DNA를 가진 이들은 회사를 다니지 않는다.
자신이 주인공인 일을 하러 갈 뿐이다.
모든 것이 너의 선택이다.
수처작주 입처개진(隨處作主 入處皆眞)
"이르는 곳이 어디든 주인 된 마음이면,
보이고 겪는 모든 것이 참된 법이다."

박종윤식
생각

매출에 대하여

 사업 시작 후 매출이 없는 가장 큰 이유는 소비자가 우리 존재를 몰라서입니다. 그래서 광고라는 것이 존재하죠. 광고를 해야 하는 이유가 여기에 있습니다.
 단, 이때 광고라는 것을 반드시 비용을 지불해 특정의 방식을 따라야 한다고만 생각해서는 안 됩니다. 광고는 넓을 광(廣), 고할 고(告) 뜻 그대로 어떤 소식이나 정보를 널리 알리는 것입니다. 그러니 우리의 상품 및 서비스의 존재를 어떤 방법으로든 널리 알리는 것을 기본적인 습관이 되게 해야 합니다.
 비용의 유무와 상관없이 이러한 의미의 광고를 진행해 소비자가 우리를 찾아옴에도 불구하고 매출이 일어나지 않는다면, 그것은 크게 두 가지 이유가 있습니다.

첫 번째는 우리와 맞지 않는 고객을 불러온 것입니다. 아마도 방법의 문제일 텐데, 크고 요란한 행동으로 사람들의 호기심을 불러일으켜 관심을 갖게는 했으나 그들이 우리의 고객이 될 수 없는 타깃인 경우입니다.

그래서 광고는 널리 알리되, 그 알리는 장소와 방법이 잠재 고객의 동선과 행동양식, 시장에서 고객으로서 느끼는 처지에 맞추어 기획되어야 합니다.

두 번째 이유는 우리의 상품이나 서비스가 좋지 않기 때문입니다.

좋은 상품의 요소는 다양하며, 그 다양한 요소 앞에 '비교적'이라는 세 글자를 붙여 동종의 타 상품 대비 우월한가로 판단되는 경우가 많습니다.

예를 들어 기존의 동종 카테고리 타 상품에게 있던 불편 제거, 같은 품질에 비교적 저렴한 가격, 비교적 희귀하거나 비교적 아름답거나 비교적 기능이 뛰어나거나 비교적 빠른 배송이 가능한가 등의 쇼핑 또는 서비스 이용과 관련된 경쟁 요소들 중에 특장점이 없이 애매한 경우가 이에 해당됩니다.

기본적인 경쟁 요소에서 특장점을 갖추었음에도 매출이 부진하다면, 그 이유는 상품과 서비스를 설명하는 방식의 문제에 있습니다.

구매나 이용 조건이 좋음에도 불구하고 소비자가 선택을 하지 않는다는 것은 우리가 그에게 최종 선택을 앞두고 겪을 두려움을 해소해 주지 못하고 있기 때문입니다.

비용이 지불되는 선택을 앞에 두고 소비자는 올바른 선택인가, 또는 잘못되면 어쩌나 하는 두려움을 마주합니다. 이것을 해소하기 위해 보통의 경우 후기와 같은 타 사용자 경험이나 주변인의 조언을 구하게 됩니다.

그러나 아직 그러한 사용자 경험이 확보되지 않은 경우에 우리는 기본적인 설명 이외에 사용자와 같은 관점에서 상품과 서비스를 설명할 수 있도록 해야 합니다.

기본적으로 B to C 매출의 핵심은 '대행'에 있습니다. 고객을 대신해 경험하고, 개선하고, 만들어 제안하는 것이죠. 이때 중요한 것이 바로 '보여주고 싶은 것을 보여 주는가' vs '보고 싶어 하는 것을 보여 주는가' 입니다. 상품과 서비스는 구매자가 사용할 것이기 때문에 구매자의 입장에서 설명되고 공감되어져야 합니다.

예를 들어 반려동물의 사료를 설명할 때 해당 상품의 원료 및 제조법, 인증 과정 등에 대해 전문적이고 상세한 설명을 하는 것도 좋지만, 고객의 구매 의도에 따라 가장 핵심적으로 강조되어야 할 부분은, 그래서 우리 반려동물이 이 사료를 먹었을 때 설사 등의 부작용이 있을 수 있는가 없는가가 될 것입니다. 파는 사람 입장이 아닌 사는 사람 입장에서 말입니다.

고객의 반응에 반응하는가

위의 단계들을 제대로 보완했다면 매출은 발생합니다. 소비자가 고객이 될 수 있는 체질로 변한 것이죠. 그러나 그 후 매출의 증가가 더디다면, 아마도 '반응'이 문제일 것입니다.

매출은 소비자가 고객이 되었을 때, 기본 토대가 만들어지고, 그 고객을 다시 단골로 만들었을 때, 증가세와 성장을 맛볼 수 있게 됩니다. 이처럼 고객을 단골로 만드는 데 있어 가장 핵심적인 요소는 '고객의 반응에 반응하는가'입니다.

매출, 즉 구매가 발생하면서 우리는 새로운 데이터를 확보하게 됩니다. 구매자 경험은 우리의 장점과 단점을 모든 요소에서 체크해 주는 역할을 합니다. 때문에 이때부터 우리가 해야 할 일은 고객의 반응을 즉시 수렴하고, 그 반응을 분석하여 다시 즉시, 개선 보완하는 체질을 확보하는 것입니다.

재 구매의 증가, 즉 단골의 증가는 마케팅 비용의 절감 이외에 순수 바이럴 확대 및 브랜딩의 효과까지 가져오게 됩니다. 우리의 상품이나 서비스가 계속 시장에 존재해야 하는가를 검증 받는 과정이고, 나아가 브랜드가 될 수 있는 신뢰도를 확보할 수 있는가의 과정입니다. 그래서 '고객 반응형 체질'은 사업의 성장과 지속성을 확보하기 위한 가장 핵심적인 요소라고 할 수 있습니다.

기업의 생존이 걸린 매출에 대한 전략 구성은 위에서 설명한 요인들을 바탕으로 고객 입장에서 각 단계별, 상황별, 관점별, 처지별로 세세하게 쪼개져 고려되고 분석되고 기획되어야 합니다.

다만 개인적으로 권해 드리고 싶은 것은 이렇게 전략을 구성할 때, 한 가지를 유념하셨으면 좋겠습니다. 그것은 '고객의 행동 결정은 생각보다 복잡하지 않다. 우리가 그들을 복잡하게 분석하는 것이다' 입니다.

치밀한 데이터 분석은 물론 중요합니다만 인간의 행동은 논리를 벗어나는 경우가 훨씬 많습니다. 그래서 기술 발달이 극에 달하는 이 시대에 갈수록 공감과 교감이라는 키워드들이 강조되는 것이겠죠.

우리가 배워야 할 모든 것은 이미 유치원에서 다 배웠다면, 우리가 알아야 할 모든 것은 고객의 위치에서 바라보면 다 보일 수 있습니다.

그 고객 관점! 고객을 위한 관점이 아니라 고객이 되어서 바라보는 관점. 매출의 비밀은 언제나 그곳에 있다고 말씀 드려 봅니다.

#우리가그들을복잡하게분석하는것이다

만들기 전에
물어 보라

　아래 글은 정말 오래 전에 썼던 글입니다. 그때도 그리고 그 뒤로도 저는 창업이나 신상품, 새로운 서비스 런칭에 관해서는 아래의 글에서 언급한 그대로 진행하는 것을 원칙으로 하고 있습니다.
　저는 창업을 할 때, 또는 새로운 서비스나 상품을 개발할 때면 저의 머릿속에서 끝도 없이 피어오르는 아이디어 그리고 주변의 사례들, 모방하고 싶을 만큼 멋진 사업 모델들을 깡그리 다 무시해 버립니다. 그리고 다음의 단계에 따라 움직입니다.
　저는 창업도 새로운 서비스의 개발이나 상품의 개발도, 이 순서와 방법대로 해나갑니다.

박종윤식 창업 스텝 바이 스텝

1단계. 내가 관심 갖는 분야의 핵심 고객 군을 구분해 본다.
- 최종 소비자
- 소매 판매업자
- 도매 판매업자
- 생산업자

2단계. 그들이 각자의 영역에서 또는 공통 분모의 시장에서 겪고 있는 불편함을 조사한다.
- 그 불편함을 지금은 어떻게 해결하는가?
- 어디에서 해당 내용을 공론화 하고 정보를 공유하는가?

3단계. 해결이 절실한 순서대로 불편함의 해소 방안을 상품화시킬 수 있는지 연구한다.

4단계. 해당 고객들에게 연구한 상품의 구매 의사를 확인한다. 또는 샘플을 제공한다. 서비스의 경우엔 무상 체험을 시킨다.

5단계. 고객들의 구매 포인트를 파악하고, 준비한 서비스나 상품에 대해 개선하고 다듬는다.

6단계. 서비스나 상품을 출시. 사업의 경우엔 창업을 한다.

제 식대로 표현하자면, 판매하려고 하는 서비스나 상품에 대하여 목적 고객을 분명히 한 다음, 그 목적 고객과의 깊은 인터뷰를 통해 그들의 관점에서 시장, 상품, 서비스를 바라본 후, 거기서 불편함을 제거하거나, 간절함을 충족시켜 줄 수 있는 가치를 찾아내고, 그것을 개발한다는 식입니다.

그래서 저는 창업을 할 때나 새로운 사업을 할 때 늘 이미 고객을 확보하고 시작할 수 있었기에 창업 비용을 매출로 감당할 수 있었으며, 고정 매출도 확보할 수 있었습니다. 새로운 서비스를 추가할 때도, 수익 모델을 개발 적용시킬 때도 마찬가지였습니다.

싱겁고 단순한 이야기일 수도 있지만, 전 저의 이 방식이 누군가에겐 매우 필요하다는 것을 수많은 사업자들과 면담하면서 더욱 확실하게 알게 되었습니다.

고객은 추측하는 대상이 아니라, 만나고 대화하고 교감해야 하는 대상이죠.

"만들기 전에 물어 보라!."

농사를 위해 무엇을 심으려면, 그에 맞는 토질부터 확인하고 땅을 가꾼 다음에 씨앗을 뿌리는 것이 순서입니다.

#토질부터확인하고씨앗을뿌려야지

창업 또는 재 창업을 마주한 이들이 꼭 알아야 할 30가지

1. 내 사업의 고객이 누구이고, 왜 그가 내 고객이 될 수 있다고 생각하는지부터 정리하라.
2. 상품 및 서비스 개발에 있어, 기존 플레이어로부터 고객이 해소하고 있지 못하는 불편함과 선택하지 못하는 '두려움'의 요소를 연구하라.
3. 나의 사업이 상품, 서비스를 통해 고객과 교감하고 어울리는 시나리오를 최대한 풍부하게 상상하여 만드는 것을 지속적으로 하라.
4. '다른 것인가? 다르게 제시할 수 있는가?'의 물음표에 확신을

가질 수 있게 될 때까지 생각하고 또 생각하라.

5. 관련 업종 종사자나 마케팅 전문가가 아닌 주변의 일반인에게 "이런 건 어때"라는 질문이 아니라 "너라면 사거나 이용하겠어? 만약 그렇다면 왜 사거나 이용하겠어?" 라는 질문을 끊임없이 하고 답변을 메모하라.

6. 진입하고자 하는 시장의 '고객 언어'를 배워라. 전문가의 언어를 고객의 언어로 통역하는 것만으로도 서비스 퀄리티가 올라간다.

7. 개발, 제조, 콘텐트, 마케팅의 영역에서 협업의 네트워크를 구성하라.

8. 최소한의 비용에서 BEP 달성 시나리오를 계획하라.

9. 시장 규모를 최대한 작게 보고 초기 투자금을 계획하라.

10. 외부 자금은 창업 초기가 아니라, 반드시 부스터가 필요한 단계에서 유입되도록 추진하라. 내성도 강해지고 조건도 유리해진다.

11. 초반은 머니 게임이 아니라 맨파워 게임이다. 더 많이, 더 오래, 더 몰두할 수 있는 최소한의 인원과 시작하라.

12. 우리를 경험하면, 다른 경쟁자에 대한 경험이 불편하거나 시시하다고 느끼게 만들어라. 고객 입장에서의 경쟁력 확보 방법이다.

13. '고객이 옳다. 옳다. 옳다. 알파요 오메가다'를 매일 주문처럼

전 구성원과 외우는 것을 습관화하라.
14. 벌어서 남은 만큼으로 운영하는 체질을 만들어라. 그게 옳다.
15. 창업자 모임과 같은 외부 모임을 최소화 하라. 거기서는 고객의 소리를 들을 수 없다. 궁금한 건 고객에게 물어 보라.
16. 온라인 사업이어도 개업식을 하라. 모든 판매왕이 하는 가장 뻔한 거짓말이 지인 영업을 하지 않았다는 것이다. 주변 사람에게 먼저 팔아라.
17. 창업 초반의 고객에게 후한 서비스를 하라. 그리고 홍보를 구걸하고 강요하라. 그 잠시 내려놓은 자존심이 더 큰 숫자로 돌아온다.
18. 사업은 고지전과 똑같다. 소총으로 함락한 고지를 뺏겼다면, 그 다음은 다른 무기, 다른 전략을 써야 함락할 수 있다. 오늘 시장에 적용해서 성공한 방법이 내일 먹히지 않으면 재빨리 새로운 방법을 기획해서 하나 더 적용하라. 어제의 방법은 사장시키지 말고 유지할 수 있도록 하라.
19. 초반의 승패는 하나 더 파는 데 있는 것이 아니라, 한 명의 고객이 구매 경험을 하게 하고, 그 고객이 주변에 그 경험을 전파하게 하고, 그 고객이 다시 오게 하는 것을 연구하는 데 있다. 사업이 성공하는 체질로 변할 수 있게 하는 중요한 포인트이다.
20. 잠재 고객과 구매 고객이 우리의 상품이나 서비스로 대화할 거리를 계속 제공하라.

21. 바이럴 마케팅을 중요시 여기되, 비용이 저렴해서 바이럴을 선택하는 우매한 기준을 갖지 않도록 유의하라. 결국 마케팅의 힘도 비용과 비례하는 것이 사실이다. 효율의 문제와는 다른 소리다.

22. 사내 복지를 우선으로 하지 마라. 첫 번째 고객을 직원이라고 생각하지도 마라. 창업 초반에는 고객 외 나머지다. 모든 목표와 기준과 법칙은 고객 그 자체에만 있다.

23. 사업 계획서 작성하지 마라. 사업은 계획대로 안 되는 것이 부지기수다. 나중에 사업 계획서가 아니라 시장 확대 계획, 투자 제안서를 작성해야 할 시기가 되어서 그런 서류들에 시간을 써라.

24. 어제보다 고객이 늘었다면 서로 칭찬하고, 왜 늘었을까를 연구하라.

25. 매일 고객 행동에 '왜'를 붙여라. 아무것도 남기지 않은 고객이 아니라 흔적을 남긴 고객의 행동에 먼저 그 '왜'를 붙여라. 아무 행동 없이 이탈한 고객에 대해서는 그 다음에 연구하라.

26. 왜 팔렸는지 반드시 납득하고 넘어가라.

27. 작은 마케팅 실적이 다양한 마케팅 회사를 파트너로 삼아라.

28. 열심히 하지 마라, 다르게 하라.

29. 조금이라도 이익이 남으면, 제품과 홍보에 투자하라.

30. 사업가가 되려 하지 말고, 사업을 하는 데 집중하라.

'나를 빛내려고 노력하는 것이 아니라, 고객에게 사랑받기 위해 미치도록 애쓰는 것이 사업의 기본이다'.

#고객에게사랑받기위해미치도록애쓰는것

당신이 한계에 부딪혔을 때 식음을 전폐하고 고민해야 할 것은
"어떻게 하면 될까?"가 아니다.
일단 비우고 내려놓는 태도를 갖추는 데 집중해야 한다.
아니 집중도 필요 없고 그냥 탁! 하고 내려놔야 한다.
생각해 보라.
지금의 결과가 최선이라면 지금까지의 내가
바로 그 결과를 만든 이유가 되는 것이다.
그러니 그 나를 버리고 비워 새로운 나를 채워야
그 다음 단계로 도약할 수 있지 않겠는가!
배움도 그렇게 해야 한다.
안 비우면 안 채워지는 법이다.
기획도 그렇게 하고 실천도 그렇게 해야 한다.
가장 간단한 방법은
미래의 당신을 불러 현재의 당신을 인수하라.
그런 다음 "버리고 개선하고 만들어라."
지금을 미래의 좋은 결과를 위한 좋은 이유로 만들어라.

고백하고 공유하고
실천하기

평소에 조직 관리에 대한 이야기를 잘 하지 않습니다. 그야말로 상황마다 다 다른 특성이 있는 분야이고, 저 스스로 크게 성공시킨 분야가 아니라고 생각하기 때문입니다.

아래 글은 제가 처음 전문경영인으로 일했던 여성의류 쇼핑몰에서 25명 정도의 직원을 5년간 1백 명 넘는 숫자로 늘려가며 경험한 내용을 쓴 글입니다. 위기가 닥쳤을 때 전 직원에게 이를 공유하며 함께 헤쳐 나간 기록입니다.

아직 어릴 때의 생각이지만, 타인의 경험은 가끔 좋은 힌트를 주기도 하니 그 정도 의미로 읽으시면 좋겠습니다.

현실에 대한 고백과 비전에 대한 확신

어려운 형편의 사업체건, 잘 나가는 사업체건 간에 그 사업을 경영하고 있는 이들에게는 숙명적으로 데리고 살아야 하는 동거인이 있습니다.

바로 '위기의식' 이라는 녀석이죠.

도무지 떼어낼 수 없는 이 녀석 때문에 회사에서는 참 많은 일이 생겨납니다.

위기의식을 가진 사장의 다급한 마음이나 빠르고 강하게 실천하고픈 의지를 직원들은 압박과 스트레스로 해석하곤 합니다.

사장은 지금 정말 급한 일은 따로 있는데, 직원들 각자가 자기 방식을 고집하거나 변화를 거부할 때면 사람에 대한 불신과 맘대로 되지 않는 사업으로 괴로운 나날을 보내게 됩니다.

이외에도 위기의식을 지닌 쪽과 지니지 않은 쪽이 가지는 입장 차이 때문에 서로 간에 생겨나는 수많은 갈등들은 노사관계를 점점 힘들게 만들고 회사 자체도 강하고 빠른 경쟁력을 갖출 수 없는 체질로 바뀌게 하여 점점 쪼그라들게 만듭니다.

어찌해야 할까요?

저는 진심을 담아 있는 그대로의 사실을 냉정하게 '고백' 하는 방법을 썼습니다. 여기서 냉정이라는 표현을 쓴 이유는 이 과정이 자칫 하소연이 되어서는 안 되기 때문입니다.

리더는 포근하고 자상한 면모를 갖출 수는 있을지언정 매달리고 부탁하는 모습을 보여서는 절대로 안 된다고 생각합니다. 가장 위급한 순간에 절대적인 신뢰를 받을 수 있는 자가 진정한 리더이고, 그런 리더는 늘 담담하고 강해야 하기 때문입니다.

주요 직급의 직원들을 모아 놓고, 함께 현실을 직시할 수 있는 자리를 만들었습니다. 현재 회사가 가지고 있는 부채, 그 부채를 상환해야 하는 시기, 지금의 매출 흐름, 그리고 우리가 한 푼의 매출을 일으키지 못해도 써야 하는 고정 비용의 무서움. 광고 효율, 구매전환율, 반품/교환/환불 비율 등등.

우리가 운영하는 사이트와 우리의 회사를 가장 분명하고 확실하게 보여줄 수 있는 숫자들을 공개하고 그 하나 하나가 어떤 의미인지 차근히 설명하고, 그래서 지금 우리는 언제 망해도 이상하지 않을 곳이라는 것을 확실히 알려주었습니다.

인정해야 한다고도 했습니다. 이렇게 좋지 못한 숫자를 가지게 된 것은 운영의 책임도 있지만, 가장 큰 부분은 고객에게 팔리지 않는 상품을 보유하고 있거나 고객이 살 수 있는 상품을 가지고 있지 않기 때문이라는 사실을.

내가 지금 잘나가지 못하고 있다면, 세상에게 선택 받고 있지 못하다는 가장 확실한 증거가 됩니다. 세상이 원하는 것을 가지고 있다면, 끝없이 러브콜을 받을 것이고 그렇다면 승승장구하고 있겠죠.

편협되고 섣부른 확신이나 책임감도 위기의식도 없는 '만성적

'열심증후군'에 걸려 늘, '나는 잘 하고 있고 그렇기 때문에 모든 것이 결국 잘 될 것이다'라는 생각에 빠진 우리 모두가 지금 분명 고객으로부터 "아니다! 너희는 틀렸다!"라는 심판을 받고 있는 것임을 다함께 인정하자고 했습니다.

그렇게 고백의 시간을 갖는 동안 많은 직원들의 눈빛이 흔들리기 시작했습니다. 나름 팀장 수준은 되는 이들인데도 위기를 말하니 자기 안위에 대한 걱정이 피어나기 시작한 거죠. 짜증이고 스트레스일 수도 있겠고요.

그래서 그 다음엔 비전을 말하기 시작했습니다.

"우리가 지금 고객이 원하는 방향과 다르게 가고 있다는 사실을 여기서 분명하게 인정하기만 하면 된 거다. 그렇다면, 이제 우리에겐 앞으로 발전할 수밖에 없는 일들 밖에 남아 있지 않다. 그것은 정말 고객이 원하는 행동이 무엇인지 찾아내고 그것을 모든 순간에 '가장 빠르게' 실천하는 것이다.

우리 고객이 찾을 만한 다른 잘나가는 쇼핑몰에서는 어떤 물건이 베스트인지, 동대문 시장에선 지금 이 시즌에 어떤 상품이 가장 많이 보이고 있는지, 즉 정말 유행은 무엇인지 제대로 보자. 조금이라도 있는 단골 고객에게는 전화를 걸어 우리의 어떤 점이 마음에 들고, 무엇이 아쉬운지 물어 보자. 우리 주변의 모든 사람에게 우리가 어떤 것을 더 갖추어야 하는지도 물어 보자. 그런 다음 그런 의견과 자료를 함께 공유하고 의논해서 가장 빠르게, 가장 많이, 고객이 가장 원하는 대로 준비하자.

그러면 그러한 행동 한 가지를 할 때마다 우리는 반드시 지금보다 더 벌게 되고, 또 그보다 더 벌게 되고, 결국엔 지금 이 위기가 발전의 계기였노라고 말할 수 있는 시간을 갖게 될 것이다."

저는 확신을 품고 직원 한 사람, 한 사람에게 최선을 다해 현실에 대한 고백과 비전에 대한 확신을 브리핑했습니다.

어떻게 되었느냐고요?

위기에 대한 두려움과 스트레스를 못 견딘 몇몇은 얼마 안 있어 그만 두었고, 그때 함께 해준 직원들은 이제 회사의 가장 확실한 '허리'가 되어 위기에 강한 조직과 기업 문화를 만드는 데 훌륭하게 일조하고 있습니다.

저는 5년 동안 쇼핑몰의 콘셉트를 3번 바꿨습니다. 모두 다 생존을 위한 선택이었고, 다행히 이제 앞으로는 이렇게 자주 바꿀 필요는 없는 정도가 된 것 같습니다.

하지만 상위 쇼핑몰이 모이는 자리를 가게 되면 늘 한 번씩은 이 때문에 질문을 받습니다.

'왜 늘 뭔가 잘나가는 것 같을 때 콘셉트를 변경하는 모험을 하느냐? 그러고도 안 망하는 것이 신기하다. 그리고 그것이 가능한 회사가 된 비결이 무엇이냐?'

저는 대답합니다.

"우리는 파란 신호등일 때, 노란 신호등이 아니라 빨간 신호등을 예측합니다. 그래서 빨리 변해야 계속 살아남을 수 있다는 것을 알고 변화를 기획합니다. 그리고 우리는 어떻게 변해야 하는지를 잘 알고, 신속하고 빠르게 또한 고객을 존중하며 변화를 진행하기 때문에 아직까지 버림받지 않고 살아 있습니다. 그것이 가능한 이유는 우리가 위기의식을 기업이 당연히 함께 해야 하는 '친구'로 여길 수 있게 되었기 때문입니다."

농담이 아닙니다.

우리 회사에서 위기는 일상입니다. 그리고 고통은 성장에 필요한 당연한 과정으로 받아들여집니다. 또한 이런 생각들은 점점 우리 회사의 전통과 문화가 되어 가고 있습니다.

감히 그래서 저는 우리는 누구라도 탐낼 수밖에 없는 '가장 강하고 빠른' 조직이라고 자랑을 하기도 합니다.

이 모든 것이 경영자 혼자서 모든 것을 감당하고 직원은 오로지 자기가 맡은 일만을 바라보고 가던 회사에서 현실을 냉정하게 공개하고 그것을 분명히 설명했던 시간, 바로 고백의 시간과 그 시간을 통해 잘못을 인정하고 비전을 세우는 결심과 실천을 함께 다짐하는 시간을 가짐으로써 가능하게 되었다고 믿습니다.

#책임감도위기의식도없는만성적열심증후군

그 임하는 태도가 생각과 마음가짐 자체가 되고
거기서 평상시의 말과 행동이 나오며
그 말과 행동이 습관이 되고 결과를 만든다.
그리고 그것들이 쌓여 일과 사업과 인생의 모양을 결정짓는다.
태도가 가장 중요하다.
기본기와 본질을 강조하는 이유는
바로 그 태도를 바꾸기 위함이다.

애써 그 뜻을 자세히 알려 하지 않아도 사용하는 데 큰 문제가 없는 단어일수록, 일상에서 자주 쓰입니다.

전 그런 단어들의 사전적 의미 찾기를 좋아합니다. 그러한 단어일수록 역사가 깊고, 그만큼 많은 의도와 경우와 경험을 담고 있기 때문이죠.

오늘은 '투자'라는 단어를 찾아 보았습니다.

첫 번째 설명이 '이익을 얻기 위하여 어떤 일이나 사업에 자본을 대거나 시간이나 정성을 쏟음'이라고 나오네요.

자본, 시간, 정성. 완벽한 삼위일체로 그 풀이가 군더더기 없이 맘에 듭니다.

보통 '투자를 한다, 투자를 받는다'라고 합니다. 그러면 '한다'는 입장에서는 저 위의 사전적 의미가 자신의 것일 테고, '받는다'의 입장에서는 저러한 결과를 얻는다는 뜻이겠죠.

성공에 대한 공동의 사명감과 책임감

우리는 왜 투자를 받으려 할까요?

사실 투자를 받는 쪽 또한 그것을 위해 자신의 일에 쏟을 수 있는 자본과 시간과 정성을 쏟게 됩니다. 즉 그 또한 투자를 하는 것이죠.

그렇게 자신의 것을 투자하여 남으로부터 투자를 받고자 하는 이유는 아마도 '더 큰 자본과 좀 더 넉넉한 시간, 또는 시간을 앞당길 수 있는 힘 그리고 새로운 정성의 합류'를 통해 지금보다 더 큰 이익을 얻을 수 있다고 믿기 때문일 것입니다.

그리고 잘 생각해 보면 투자하는 쪽 역시 그와 똑같은 이유와 믿음을 가지고 있음을 알 수 있습니다.

이것이 더함도 덜함도 없는 투자의 목적과 이유라고 저는 생각합니다.

그런데 주변을 살펴 보면 투자를 하거나 받는 양쪽 모두 투자 효과를 상대에게만 기대해서 안 좋은 결과를 만드는 경우를 간혹 보게 됩니다.

그러한 경우는 대부분 투자를 일종의 결과로 목적하여 발생하게 됩니다. 숫자로 확실하게 만나는 투자를 아직 어떤 확실한 결과도 나오지 않은 사업의 성공보다 더 중요하게 여길 때 말입니다.

이때 투자를 하는 쪽은 나름의 기준으로 가능성 높은 오너와 유망한 사업성을 검토하여 투자를 결정한 후 "자 이제 너의 능력을 보여라. 네가 제시한 사업 계획서대로 해내보렴"이라고 합니다. 그 뒤에 그 계획에서 어긋나는 것 같을 때마다 주의와 의견을 주죠. "어? 너 그러면 처음 약속과 다른데? 그러면 곤란해!"

물론 격려도 합니다. "할 수 있어, 지금은 잠시 거쳐야 하는 정체기일 뿐이야." 등등.

투자를 받는 쪽은 반대로 "자 당신들이 합류를 결정했으니, 이제 나에게 당신들이 가진 자본과 시간 그리고 정성을 쏟아줘, 퀄리티 높은 경쟁력으로 아직 경험과 실력이 부족한 우리를 점프업 시키는 데 힘을 보태줘."라고 합니다. 그리고 계획대로 진행이 안 되면 "자본만 주는 게 투자가 다가 아니다, 숫자 말고 일과 꿈에 대해 이야기 하자, 두 번째, 세 번째 투자를 좀 더 앞당기자."라는 말들을 합니다. 물론 "너무나 미안해, 내가 부족해서 계획처럼 안 되네."라는 미안함도 자주 전합니다.

하는 쪽도 받는 쪽도 서로 상대에 대한 기대 불일치입니다. 이런 일들은 투자를 통해 양쪽의 교집합이 된 사업의 과정과 목표에 대해 '미래 가치'라고 불리는 엑셀파일 속 숫자, 또는 레퍼런스라 불리는 유사한 사업 형태에서 발견한 나름의 성장 공식으로 판단하고 접근했을 때 발생합니다.

여기까지 읽으시며, 주의사항!

물론 훌륭한 투자가들과 투자를 통해 단단하고 수익성 높은 사업구조를 만드신 사업자들도 당연히 많습니다. 이 글은 제가 옆에서 바라본 안 좋았던 사례에 국한된 내용입니다.

투자는 일과 사업을 돈으로 교환하는 것도 돈으로 일과 사업을 매입하는 것도 아닙니다. 양쪽이 공동의 목표를 갖게 되는 계기이고, 한 배를 타는 방법이며 서로에게 더 격렬한 의지와 의사를 표명하는 가운데 양쪽의 대의명분인 사업의 성공을 목표로 하는 것이죠.

즉, 물리적으로 함께 소유하게 된 사업의 '성공에 대한 공동의 사명감과 책임감' 또한 함께 가져야 하는 것이라 봅니다.

저는 인터넷 쇼핑몰 업계에서 오래 일해 왔습니다. 대한민국 소호몰 생태계는 전 세계에서 유일무이한 소규모 창업 시스템을 갖추어 왔고, 그 속에서 흔히 말하는 물질적 성공 신화도 매우 많이 탄생해 왔고, 지금도 탄생 하고 있습니다.

그러나 정부의 소호몰 지원책은 현재의 스타트업 지원책과 같은 특화된 시스템이나 예산이 거의 전무한 상태입니다. 그리고 이 사업자들은 은행에서도 담보가 없는 한 대출 받기 어려운 상황에서 사업을 진행하고 있습니다.

한 평짜리 방에서 출발해서, 연간 천억 원이 넘는 매출의 기업을 만들어낸 곳, 두 명에서 출발해 백 명이 넘는 고용을 창출해낸 곳, 유수의 해외 브랜드들이 경쟁에서 밀려 애 먹게 하는 곳 등. 참 많은 의미 있는 사업체들이 바로 대한민국 소호몰 생태계에 존재합니다. 그리고 그분들 중 상당수는 무차입 경영을 하고 있습니다. 아이러니하게도 확실한 현금 흐름과 사업성을 입증해도, 위와 같은 현실 덕에 돈을 빌릴 수도 투자를 받을 수도 없었기 때문이죠.

스타트업, 제가 사회 초년병일 때는 벤처라 불리었습니다. 그리고 그때 제가 알던 벤처 중 상당수는 지금 존재하고 있지 않습니다. 또한 그 존재하지 않게 된 벤처 기업의 오너들 중 몇몇 분은 이제 가치평가를 통한 초기 투자보다는 집 담보로 은행융자를 받아 스스로 손익분기를 넘기고, 자기 자본과 현금 흐름을 확보한 후 무차입 상태에 이르렀을 때 투자 가능한 사업 '파트너'를 만나는 방식으로 일하십니다.

투자 관련 많은 분들의 메시지를 받습니다. 그러나 그 중 대부분은 돈 만 원도 만들어 보지 못한 이들의 영화 시나리오 같은 사업 계획입니다. 현장 실무에서 1~3년 정도만 최선을 다해 세상 경험을 해보면 뭐가 부족하고 문제인지 충분히 파악해서 보완하고 준비할 수 있을 텐데요. 도대체 뭐가 그리 급해 창업을 하고 일할 시간에 돈을 구하러 다니는 걸까요?

취업이 어려워, 창업을 선택하는 경우가 많다는 소리를 누가 하더군요. 중소기업, 온라인 쇼핑몰들에서는 사람이 없다고 아우성입니다. 정말 꿈이 크고 의지가 강하다면, 그곳에 들어가 일을 배우고 현장을 경험하는 것이 맞지 않을까 생각합니다.

우리의 현재는 '미래의 나에게서 받은 투자'입니다. 그러니 미래가 믿고 투자한 현재를 좀 더 단단하고 착실하게 꾸려 갔으면 좋겠습니다.

그것이 우리의 미래가 원하는 미래를 만드는 가장 안전하고 강력한 방법이니까요!

투자를 받는 쪽도, 투자를 하는 쪽도 좀 더 많이 엄격해지고, 좀 더 많은 참여를 통한 책임감을 발휘했으면 좋겠습니다.

투자는 우리가 더 큰 시장에서, 더 많은 고객을 발굴하고, 그들과 더 강력한 관계를 갖기 위함을 목적으로 해야 한다고 생각합니다.

다시 말씀드리지만 이 글은 제 주변의 안 좋은 사례에 대한 의견이며, 성공적인 사례는 이미 세상에 많이 나와 있어 개인적으로 아쉬운 사례에 대한 의견을 피력한 것임을 밝힙니다.

#우리의현재는미래의나에게서받은투자다

시장상황이 나빠지고 있는 게 아니라
시장상황이 변하고 있는 것이다.
우리가 가장 많이 가져가는 오류 중 하나는
어떤 상황을 바라볼 때
'좋다와 나쁘다'의 관점으로만 보는 것이다.
변화를 읽으려 해야 한다.
그래서 역사를 중시해야 하는 것이다.

CHAPTER
3

마케팅

목표는 어제보다 하나 더!

10개월 만에
일 매출 20배 성장시킨 비결

한 의류 쇼핑몰이 있었습니다. 그리고 저는 2009년 1월 그곳의 전문 경영인이 되었습니다. 그해 11월, 20배의 일 매출 상승을 이루어 냈습니다. 단기적인 이벤트성 매출이 아니라 평균 매출로.

당시 많은 사람들이 궁금해 했습니다. 500만 원 하던 일 매출을 10개월 만에 1억 원으로 만든 비결이 무엇인지.

이런 결과가 늘 그러하듯, 그 과정에는 등장인물도 사연도 드라마틱한 타이밍도 존재합니다. 그러나 저는 운을 믿지 않습니다. 그 어떤 운이라 불리는 것도 사실 나비효과의 날갯짓처럼 이유가 있어 생겨나는 결과라는 것을 이후의 유사한 사례들을 만들어 가며 확신하게 되었기 때문입니다.

처음에는 상품이 문제였습니다. 누군가들은 콘셉트라고 말했지만, 상품이 문제였습니다. 객단가가 30만 원에 이르는 소위 럭셔리 아이템을 판매하는 해당 쇼핑몰 고객의 쇼핑 욕구는 매우 높은 편이었으나, 그들을 위해 온라인치고는 고가 아이템만 존재했지 중저가의 아이템은 없었기에 시장에서 양적으로 차지할 수 있는 범위는 좁을 수밖에 없었습니다.

그사이 밖에서는 '스타일난다'나 '난닝구'와 같은 중저가 캐주얼 의류 쇼핑몰이 무서운 속도로 성장해 가고 있었고, 우리의 고객들은 비슷한 디자인의 저렴한 아이템 쪽으로도 서서히 눈을 돌리고 있었습니다.

'감성은 같은 감성, 그러나 내용은 더 풍부하게'.

제가 세운 전략은 그것이었습니다. 우선 해당 쇼핑몰의 가장 중요한 럭셔리 감성은 기존의 창업자가 전담하게 했고, 그 아래 서브로 존재하던 4명의 MD에게 스타일링 권한을 주어 새롭게 카테고리를 신설했습니다. 미션의 방향은 이것이었습니다.

'우리 고객이 우리 옷을 입지 않는 시간대에 편하고 쉽게 입을 옷을 제안하라.'

샤넬스러운(?) 트위드 재킷을 입지 않는 순간, 집 근처에서는 어떤 옷을 입을까? 휴일에는, 여행 갈 때는, 친구와 가벼운 브런치를 할 때는, 운동을 갈 때는?

평상시 럭셔리 스타일을 좋아하는 사람들이 일상의 다른 영역에서는 어떤 감성의 캐주얼 스타일링을 원하는지 그것을 알아내고 보여 주자는 것이었습니다.

우리는 고객에게 설문조사를 했고, 그들이 어디서 스타일링의 힌트를 얻는지, 우리가 아니면 누구에게 그러한 제안을 받고 있는지 조사했습니다. 그리고 그들이 우리 아닌 다른 곳에서 느끼는 한계점, 즉 '싸 보이지 않고 있어 보이는 스타일링'에 대한 아쉬움을 4명의 스타일리스트들이 각자의 시선으로 제안하기로 했습니다.

반응은 성공적이었습니다. 기존의 충성도 높은 고객은 더욱 밀도 높은 제작 아이템으로 럭셔리 아이템에 대한 욕구를 충족할 수 있었고, 우리가 제안하지 않아 울며 겨자 먹기로 성향이 일치하지 않는 다른 곳을 이용해야 했던 고객들은 두 팔 벌려 우리의 다양한 제안을 환영했습니다. 전체 구매 횟수는 늘어났고, 비록 그에 따라 객단가는 소폭 하락했으나 그것을 상쇄하고도 남는 성과를 이루었습니다.

고객의 좋은 반응에 고무되었지만, 우리는 섣불리 마케팅 비용을 증가시키지 않았습니다. 늘어난 업데이트량, 판매량, 입고량, 배송량은 곧바로 물류와 C/S에 영향을 끼쳤고, 그것을 해결하지 않는다면 최초의 목표인 일 매출 일억 원은 중간에 분명 큰 위기를 맞이할 것이었기 때문이었습니다. 당시에 네이버 쇼핑박스와 같은 굵직한 광고 상품이 우릴 유혹했지만, 키워드와 리 타깃팅,

리 마케팅에 집중하고, 입고부터 배송까지의 물류 시스템 안정화, 정확도, 스피드를 늘려 고객 만족도를 향상시키는 것에 집중할 수 있었습니다.

시간이 지나면서 새로운 스타일리스트들은 점차 자기 경쟁력을 확보해 나갔습니다. 당시 스타일리스트별로 독립적으로 운영해 상품의 입고, 재고량, 판매량, 매출까지 매일 파악이 가능한 상태였기에 지나친 경쟁심이 생겨나는 문제도 발생했으나 숫자보다 밀도를 더 강조하는 분석 방법으로 각자의 자존감을 잃지 않게 하려 노력했습니다. 콘셉트란 가장 많이 팔리는 대중적인 부분도 중요하지만, 쉽게 만날 수 없는 희소성도 분명 중요했기에 한 사람의 고객에게는 그 대중성과 희소성이 함께 공존한다는 것이 저의 생각이었기 때문이었습니다.

자체 제작은 두 가지 방향으로 진행했습니다. 시중보다 가성비가 좋은 대중적인 아이템을 제작하는 것과 시중에서 구하기 힘든 고급스러운 고단가 제품을 제작하는 것. 양쪽 다 우리의 욕심보다는 고객의 요구에 민감하게 반응하려 노력한 과정으로 대부분의 경우 성공적인 완판을 이끌어 냈습니다. 그리고 우리만 제공할 수 있는 상품들은 당연히 고객의 충성도를 더 높게 이끌어 냈습니다.

그리고 그 시기 의류 쇼핑몰의 성수기인 F/W를 맞이했으며, 남들이 비수기라고 손 놓고 포기하던 7, 8월에 칼을 갈며 상품 구비 및 촬영을 다 끝내고 업데이트 준비만 했던 우리는 드디어 메이저 광고에 입성하게 되었습니다. 매출은 큰 폭으로 상승했고 모두가 매일 매일 한마음 한뜻으로 하나의 목표에 집중했던 덕에 드라마틱하게도 창립 기념일에 일 매출 1억 원을 돌파했습니다.

고객이 원한다

그리고 그와 더불어 각오가 무색해지는 물류 대란이 펼쳐졌습니다. 그러나 다행히도 우리는 물류 대란이 닥쳤을 때도 처음부터 처리가 아닌 근본적인 해결에 목표를 두고 상황에 대응했습니다. 매일 매일 짧은 회의를 반복하며 고객의 소리를 귀에 담아 상세 페이지에 반영하여 질문 거리를 최소한으로 줄인다거나, 팀장급들이 밤새 배송 준비를 마치고 퇴근하며 아침 업무 시작 시간을 앞당긴다거나, 동대문까지 컨트롤할 수 있는 운영팀을 조직해 모든 입고 상황에 대해 고객에게 가능한 정확한 정보를 제공하여 민원을 줄인다거나 하는 행동들은 그 당시 우리에게 많은 인사이트를 제공했습니다. 더불어 모든 팀의 실력을 전혀 다른 수준으로 향상시키는 계기가 되었습니다.

사이트의 상품 진열과 상세 페이지 영역의 끊임없는 개선은 숨어 있는 강한 경쟁력 중 하나였습니다.

메인 페이지, 카테고리의 상품 진열은 일 매출을 좌지우지할 만큼 중요한 것입니다. 저는 그것을 해당 페이지를 가장 많이 보는 MD들에게 맡겼습니다. 상황을 모르는 사람이 가게의 진열을 맡게 되면 자신이 보여주고 싶고 팔고 싶은 것을 보여주기 마련입니다. 고객이 무엇을 보고 무엇을 사고 싶어 하는지를 아는 사람이 그 진열을 맡으면 고객과 서로 대화가 되기 때문에 더 높은 접객 품질이 만들어지고 구매율은 당연히 올라가게 되어 있습니다.

또한 상세 페이지의 개선은 고객 후기를 매일 읽는 것으로 시작했습니다. 우리가 만든 상세 페이지는 우리의 관점으로 정리되어 있는데, 고객 구매 후기를 보면 판매 포인트와 다른 구매 포인트를 찾을 수 있었고, 그러한 부분이 발견되면 즉시 상세 페이지에 반영하는 것을 최우선으로 했습니다.

사실 이 부분이 쉽지는 않았습니다. 굳이 그런 것까지 다 체크하고 반영하기에는 시간이 부족하고 일이 많다는 점이 실무자들의 현실이기 때문입니다. 그래서 그 부분은 저 스스로도 자주 들여다보고 지적하고 반영을 요구하면서 끈질기게 관리했습니다. 직원들의 거부 반응은 단 한마디로 해결했습니다.

"고객이 원한다."

내가 원하는 것은 강하지만, 고객이 원하는 것은 더욱 강한 힘을 가지고 있습니다. 이것은 모든 회사에서 당연하게 여겨야 하는 철칙과도 같습니다.

그와 더불어 항상 강조한 것이 안 팔리는 상품을 팔려고 애쓰지 말고, 팔리는 상품이 왜 팔리는지 알아내서 더 잘 팔 수 있도록 노력하자는 것이었습니다. 성장은 성장의 이유를 알 때 가장 빠르게 이루어집니다. 고객이 우리를 왜 선택하고, 왜 구매하는지를 알면 계속 선택하고 구매할 만한 조건을 준비할 수 있게 되기 때문입니다.

마지막으로 20배의 일 매출 성장에 있어 가장 중요하게 생각한 것은 고객과의 관계 관리였습니다. 우리는 첫 번째로 고객의 기억을 관리했습니다. 할인 문자 같은 것으로 이벤트를 알려 고객에게 우리를 잊지 말고 와 달라 하는 것은 가장 기본이었고, 다양한 이유를 만들어 가능한 불쾌해 하지 않을 범위 내에서 끊임없이 고객에게 우리의 정보를 전달했습니다. 그것이 우리를 잊지 않게 하는 방법이고 다른 곳으로 눈 돌리지 않도록 망각을 관리할 수 있는 방법이고, 그로 인해 그분들의 구매 동기가 우리 쪽을 향할 수 있도록 길을 닦는 방법임을 확신했기 때문입니다.

손해는 이익을 이기지 못한다는 것이 저의 신념이었습니다. 상품에 치명적인 문제가 있거나 한 경우가 아니라면 대부분 고객의 억지스러운 요구는 작은 손해에 속할 뿐입니다. 그 요구의 양이 증가한다면 아마도 우리의 매출도 비례하고 있을 것입니다. 그것은 그냥 당연하게 일어나는 번외 비용일 뿐입니다. 고객 각각의 이해할 수 없는 성격이나 상황에 의해 발생하는 억지스러운 요구들에 대해서 가능한 빠른 해결을 할 수 있도록 노력했습니다. 그것을 통해 우리 직원이 스트레스를 덜 받고, 시간을 덜 쓰고, 회사에 대한 안 좋은 의견이 외부에 노출되지 않도록 하는 것이 더 큰 이익이기 때문입니다. 이 또한 내부 고객관계 관리에 속합니다.

10개월 만에 일 매출을 20배 성장시킨 비결이 무엇인지에 대한 질문을 받을 때마다, 저는 위와 같은 이야기들을 해주었습니다.

고객이 원하는 상품을 늘리고, 고객이 미처 말 못하고 있는 것을 질문을 통해 찾아내 준비하고, 고객이 다른 무엇보다 누구보다 중요하다는 사실을 구성원들에게 끊임없이 각인시키고, 그들이 고객이라는 두 글자를 내세우면 하던 일을 멈추고 진지하게 듣고 반영하려 노력했습니다.

비결은 없습니다.

"우리가 원하는 매출은 고객의 통장과 카드 안에 들어 있다."

그러니 그분들 입장에서 가장 상식적으로 필요한 대체 불가의 행동을 하는 것. 그 당연한 행위의 결과가 목표 달성을 가능케 할 뿐입니다.

처음 경영을 맡았을 때, 팀장들을 회의실에 모이게 하고 앞에 있는 칠판에 이렇게 썼습니다.

'우리를 경험하면, 다른 곳의 쇼핑이 불편하게 만들어라!'

사이트 디자인, 카테고리 분류, 상품 배치, 이벤트, 게시판 작성, 주문 과정, 회원 가입 과정, 배송 과정, 사후처리 과정, 상품의 가격, 설명…그것이 무엇이건 우리를 경험한 후 다른 곳에서 쇼핑할 때 우리를 떠올릴 수밖에 없도록 하자는 것.

목표는 단순하게 정리됩니다.

'우리가 원하는 것을 고객도 원한다'.

이 글을 읽고, '그렇다면 할 일이 너무 많은 것 같다. 그래서 뭐부터 해야 할지 모르겠다'고 생각하시는 분들도 있을 것입니다.

그래서, 안 하실 겁니까?

마케팅(Marketing)의 시작은 고객과 상품에 있습니다.

그 사실을 모르고 있다면, 그 사실에 입각한 행동을 하고 있지 않다면 '당신의 모든 마케팅은 잘못된 것입니다.'

#우리가원하는매출은고객의통장과카드안에들어있다

사춘기 시절, 뭔가를 선택하기에는 아직 때가 너무 이르다고 생각했다.

어른이 되었을 때는, 뭔가를 바꾸기에는 이제 너무 늦었다고 체념했다.

지금까지 무엇 하느라 내 모든 에너지를 소비한 거지?

"나는 좀 더 미친 짓을 했어야만 했어!"

– 파울로 코엘료의 『베로니카 죽기로 결심하다』 중에서

…

그러니까, 지금 무엇에 미쳐 있는가.

인생은 후회와 아쉬움을 줄이는 게임이다.

같은 말을 반복하기 지쳐서 써본
간단한 마케팅 이야기

오랜 시간 동안 마케팅은 유통망과 정보 제공망의 독과점에 의해 주객이 전도되어 그 구성 요소 중 하나인 광고에게 대부분 먹힌 상태로 존재했습니다. 아무렇지 않게 마케팅 앞에 바이럴, 키워드, sns, 유튜브, 블로그, 스토리, 콘텐트 등등의 단어들이 붙어 잘못된 개념으로 사용되고 있는 것이 그 증거입니다.

덕분에 수많은 마케터가 자신들이 공부한 것을 제대로 적용할 수 없는 현실에서 그것을 그저 책 속의 이론이나 이상으로 받아들여 왔습니다. 물론 소수의 영향력 있는 기업에 종사하는 이들에게는 여전히 그 마케팅을 구현할 기회가 있었지만 말입니다.

마케팅은 사실 시장을 창출하고, 넓히고, 고객을 발굴하고 관계의 지속력과 밀도를 높이며 새로운 브랜드의 탄생과 그로 인한 사회 및 경제의 구조 변화까지 이끌어 대단한 힘을 발휘할 수 있게 하는 전략과 전술의 총화입니다.

그런 마케팅이 지금에 이르러 새로운 시대 변화와 함께 다시 본질을 되찾아갈 수 있게 되었다는 것은 굉장히 중요한 사실입니다.

그리고 그럴 수 있게 된 이유는 지금의 사회가 모바일의 발전과 하나의 컴퓨터 및 방송 장비와 같은 스마트폰의 대중화, 그것을 뒷받침하는 다양한 플랫폼의 등장 덕분에 기업이든 개인이든 각자가 정보 제공망이라 할 수 있는 미디어 그 자체가 될 수 있고, 채널을 만들 수 있으며, 서로 유기적인 연결망을 무한하게 확대할 수 있는 여건을 갖추었기 때문입니다.

광고에 길들여져 획일화되고 관습화된 마케팅에 대한 편향된 시각은 그래서 이제 매우 과감하게 바뀌어야 합니다. 상품은 그 개발 초기부터 밀접한 사용자들과 협력해야 하고 그 과정도 콘텐트가 되고, 협력자와 함께 채널을 통해 자연스럽게 전파될 수 있도록 기획해야 합니다.

좋은 상품이 연관도 높은 채널과 함께 만들어지게 되면 그 콘텐트의 생산량과 유기적 파급력은 상상을 초월한 결과를 만들게 됩니다.

빠르고 광범위한 제품 정보의 확산, 새로운 비즈니스의 기회, 해외 시장으로의 적극적인 진출 등이 가능해짐으로써 불과 십여 년 전까지만 해도 있을 수 없었던, 세상에 나오자마자 순식간에 영향력 있는 브랜드의 위치에 오르게 되는 일이 가능해진 것입니다.

그리고 우리는 이미 그런 사례를 최근 몇 년간 곳곳에서 실제로 마주해 오고 있습니다.

핵심은 관점의 변화

핵심은 마케팅에 대한 관점의 변화입니다. 아니, 마케팅에 대한 편협화되고 고정화된 인식을 버리고 제대로 그 본질을 마주하는 것입니다.

'어떤 광고를 어떻게 했는가? 어떤 기법과 수단으로 만든 콘텐트인가?'가 아니라 모두가 미디어가 될 수 있고, 채널을 가질 수 있는 이 수평적으로 무한한 정보 유통의 시대 흐름과 역학을 읽고 이해하는 일을 최우선으로 해야 한다는 것입니다.

습관이나 고정된 관점을 버린다는 것은 사실 쉽지 않습니다. 그것에서 벗어나는 것은 많은 두려움과 번거로움을 각오해야 하는 일이기도 합니다.

하지만 바꾸지 않으면 바뀔 수 없는 게 이치 아닙니까? 세상이 바뀌어 오히려 더 많은 기회가 생겼고, 그 기회를 잡는 곳들이 곳곳에서 등장하는 것을 관람객처럼 구경만 해서는 안 됩니다.

광고가 아니라 정보의 생산과 유통, 공유입니다. 전파가 아니라 관계의 형성과 촉진입니다.

마케팅은 사람을 연결해 영향력을 만들고, 그 영향력으로 세상을 열광하게 하여 우리가 속한 시장을 계속 살아있게 만드는 것입니다.

아직 아니라면, 지금 당장 미디어가 되어야 합니다. 아직 없다면, 지금 당장 그 어떤 곳에든 채널을 만들어야 합니다. 아직 안 하고 있다면, 지금 당장 소비자의 채널과 스스로를 연결하고 협업해야 합니다.

그것이 억지가 아닌 이 시대의 자연스러움입니다. 그리고 그 자체가 마케팅 체질이 되는 방법입니다.

대항해의 시대는 세기에 한 번 올까말까 합니다.

그러니 지금 당장 세상에 뛰어나가 말하십시오.

"너 지금 나의 동료가 되어라!"라고.

#백년에한번오는기회의시대다

"제가 여러분의 경쟁사에 들어간다면 어떨까요?"

페이스북 친구들을 상대한 이 질문에 많은 이들이

"당장 무언가를 하겠다!"라고 답했다.

"네가 그래도 난 자신 있다. 그래, 와서 시장 좀 키워라.

신경 안 쓴다. 한번 끝장나게 싸워보자" 등등의 말과 함께.

'기본기를 점검하겠다, 상품을 다시 살피겠다,

고객에게 더 세심하게 집중하겠다,

긴장도를 좀 올리겠다'고도 했다.

"그거 전부 다 지금부터, 오늘부터 당장 시작하세요!"

답글 내용들이야말로

사업하는 우리들 가슴 한구석을

계속 답답하고 불안하게 만드는 것들이다.

당장 해야 하는데 안 하고 있어

불안하고 답답한 실천 사항들 말이다.

우리 업의 핵심 가치와 핵심 역량

다음 세 가지 질문에 대해서 답해 보세요.

첫째, 우리 업의 본질: 어떤 종에 속하는가?

둘째, 우리의 핵심 가치: 사라지면 안 되는 이유가 무엇인가?

셋째, 우리의 핵심 역량: 무엇을 가장 잘하는가?

평소 당연히 숙지하고 있는 내용이라 새삼스레 필요도 없으신가요? 막연하게 머릿속에 맴돌고 있는 내용인가요?

자기의 시선과 시장의 시선으로 위의 세 가지를 정확하게 정의하지 못하고 각각을 구분할 줄 모르는 상태라면 '앙금 없는 찐빵이요, 곧 터질 풍선'과 같습니다.

핵심 가치와 핵심 역량의 구분

저는 개인적으로 기업, 특히나 중소기업이 핵심 가치와 핵심 역량, 이 두 가지 개념을 구분할 줄 아는 것은 매우 중요하다고 생각하고 있습니다.

이를 통해 다시 업의 본질과 사업을 분명히 구분하게 되면 시장 경쟁에서 승리할 수 있는 효과적인 전략과 전술을 수립, 수행할 수 있기 때문입니다.

핵심 가치란 그 기업이 시장에서 존재할 수 있도록 하는 고유의 특성을 말합니다. 남다르게 추구하는 비전과 경영 이념, 그 기업이 시장에 제공하는 '유니크(Unique)'를 가리킨다고 생각하시면 될 것 같습니다. 편의상 이해를 돕기 위해 한 기업의 핵심 가치는 '단 하나의 본질'이라고 정리하겠습니다.(설명이 너무 길어지니까요.)

핵심 역량은 반대로 여러 가지가 될 수 있습니다. 쉽게 말해 한 기업이 부서마다 독자적으로 사업을 수행하거나 서로 다른 카테고리를 공략할 수 있는 상품을 보유하고 있다면 그 각각을 핵심 역량으로 바라볼 수 있습니다. 역량은 사전적 의미 그대로 어떤 일을 해낼 수 있는 힘을 말하기 때문입니다.

창업 초기에는 많은 경우, 핵심 가치를 현실적으로 구현한 서비스나 상품이 핵심 역량이 됩니다. 기업 존재 이유가 사업성과 일치하는 것이죠. 그리고 그것이 시장에서 어떤 성과를 내느냐에 따라 기업의 존속 가능성이 가늠되어집니다.

그 단계를 지나면 서비스와 상품은 개선, 개발 과정을 통해 완성도가 높아지거나 양적 확대를 이루게 됩니다.

저는 그 시기가 가장 중요하다고 생각합니다. 중소기업의 경우 바로 그 순간에 서비스와 상품이 확장된 만큼의 역량을 기술적으로 분리하여 운영하거나 마케팅하지 않아, 커진 부피 대비 매출 성과나 이익율 확보, 시장 확대와 브랜딩을 효과적으로 수행하지 못하는 경우가 많기 때문입니다.

단순하게 설명하면 이렇습니다. 우리가 건물 하나를 가지고 있다고 가정할 때 처음 상품은 임대였습니다. 그러다 임대업이 잘되어 건물을 여러 채 가지게 되었고, 시간이 지남에 따라 우리 건물들의 입주 업체들을 위해 자체 인테리어팀, 내부 카페팀, 구내식당팀, 청소관리팀 등을 만들게 되었습니다. 우리 고객들의 니즈가 있었고, 그들을 상대하는 것만으로도 유지될 수 있는 수익성은 확보된 상태입니다.

바로 이것이 핵심 역량이 늘어난 상태입니다. 해당 팀들은 각각의 내부 과업을 수행하며 유사 빌딩에 적합한 사업별 노하우를 축적하고 업종에 대한 전문성을 확보했기에, 이제 내부 팀의 성격에서 벗어나 해당 업종별 시장에 진출할 수도 있게 된 것이죠.

제가 강조하고자 하는 점은 '우리는 과연 우리의 핵심 역량별로 경영 목표를 쪼개고 있는가' 입니다. '서비스나 상품의 확장에 따라 개별 핵심성과지표(KPI)를 설정하고 마케팅 전략, 전술을 수행하는가' 입니다.

  중소기업에게는 게릴라 전술이 효과적입니다. 역량을 쪼개어 각각의 시장과 고객, 경쟁력을 파악하고 그 각각이 하나의 사업부, 또는 계열사라고 가정하여 예산과 투자 규모, 매출과 이익 등의 경영 지표들을 별도로 분리하는 것은 새로운 경쟁력과 성과를 확보하는 데 큰 도움이 될 수 있습니다.

  그리고 그러한 기업 경영 방식은 생존력 강화에도 큰 도움이 될 수 있죠. 그리고 이것은 당연히 개인의 자기 경영에도 접목 가능합니다.

  인원도 부족한 마당에 그런 게 가능하냐고 물으신다면, 역으로 지금은 어떤 시대인가를 여쭙고 싶습니다. 지금은 기술적으로 효율의 시대이며, 사회적으로 모바일을 통해 기존에 작은 시장으로 바라봤던 거의 모든 시장 규모가 확대된 상태입니다.

  다시 한번 강조하지만 핵심 역량을 파악할 줄 알고, 그 각각을 독립적인 경영 구조를 갖게 하여 강소를 지향하는 것이 중소기업을 위한 가장 중요한 전략입니다.

#역량을쪼개고쪼개라

지겨워도 다시
들어야 할 이야기

사업의 정체에 대하여 쓴 글입니다. e커머스 분야의 특성이 강한 글이지만 본질은 다르지 않음을 다시 한번 말씀드립니다.

왜 우리의 사업은 정체되는가

우리가 사업을 하며 하루하루 치열한 경쟁을 감당하다 보면, 반드시 어떤 타이밍에 '정체기'라는 것을 맞이하게 됩니다. 흔히 비수기라고 부르는 시기와는 그 성질이 다릅니다.

소기의 성과도 달성하고 목표로 했던 성장률도 획득하였는데, 어느 순간부터 모든 숫자가 어제, 지난주, 지난달과 비슷해지는 시기가 옵니다.

그때 우리는 고민을 합니다. 효율을 좀 더 높여야 하는가? 광고나 인적자원, 상품 수량 등의 규모를 조심스레 확대해 봐야 하는 것인가? 등등.

출발선에 서 있었을 때는 고려하지 않았던 고민들과 두려움이 발목을 잡기 시작하는 이 정체기. 알게 모르게 사업의 영속성과 장기전에서의 승패를 좌우하는 중요한 시기이기도 합니다.

정체기를 돌파하는 방법에는 여러 가지가 있습니다. 위에서 언급한 두어 가지의 고민뿐만 아니라 신규 사업 런칭이나 유통에서 제조 또는 도매에서 소매로의 업종 전환과 다각화 등도 고려해 볼 수 있죠.

이러한 부분 외에 다른 한 가지를 말씀드려 보겠습니다. 나름의 경험을 통해서 깨달은 부분인데, 이미 아시는 분들도 많을 수 있는 이야기입니다.

'바로 지금이 최대치인가?' 라는 의문을 던져, 우리가 미처 발견하지 못했거나 개발하지 못한 숨겨진 매출을 찾는 것입니다.

우리는 우리가 시장에서 광고나 홍보 또는 시장 자체에 업체들이 모여 있음으로 인해 발생하는 인지도에 따른 고객에 대해서만 집중하는 경우가 많습니다. 물론 그 고객층이 전부가 아니라는 것을 알면서도 자신도 모르게 그 사실을 간과한다는 것이 더 정확한 말입니다.

시장이 레드오션이다, 그러니 사업도 가려 가면서 해야 한다거나 창업을 하지 말라는 이야기가 심심찮게 들립니다.

하지만 시장은 어떤 식으로든 진화하고 새로운 성질로 변화하고 어떤 새로운 패러다임에 의해서 재편, 확장됩니다. 그 관점으로 본다면 아직 우리가 챙기지 않은 매출 확보 가능성이 높은 시장이 '각자'에게 분명히 존재한다고 저는 믿습니다.

뻔하지만 당연한 다음 다섯 가지 이야기를 해보겠습니다.

첫째, 아직 우리가 활동하는 시장 자체를 모르는 고객이 있습니다. 기존 방식에 익숙해 있는 분들이죠.

예를 들어 여전히 온라인, 모바일 서비스와 구매 환경에 대한 존재와 가치를 못 느끼고 있는 다수를 가리킬 수 있습니다. 이분들에게 온라인, 모바일의 장점과 매력을 전달할 수 있는 방법을 기획하고 실천하는 것도 숨어 있는 매출을 확보할 수 있는 좋은 기회가 됩니다.

둘째, 나를 모르는 고객이 여전히 많습니다.

키워드 광고에만 주력하다가 배너 광고를 하거나 페이스북과 같은 소셜 영역에 광고를 하거나 언론 홍보를 하면 새로운 회원가입과 매출 확보를 경험하게 됩니다.

즉, 나를 모르는 고객이란 내가 주로 광고와 마케팅을 펼치는 곳(예를 들어 네이버와 같은 포털)이 아닌 다른 매체, 다른 플랫폼에 대한 투자 가능성을 끊임없이 생각해 보고 조심스러운 테스트가 필요하다는 것입니다. 이것은 꾸준함을 동반해야 합니다.

셋째, 나의 매력을 모르는 고객이 여전히 많습니다.

같은 상품이지만 다른 곳보다 분명 저렴하게 팔고 있거나 다른 곳에 비해 확실하게 고객에게 유리한 서비스를 확보하고 있고 여러 좋은 구매 조건을 보유하고 있음에도 광고나 마케팅 활동에서 그리고 사이트의 첫인상이 그러한 매력을 보여 주고 있지 못하거나 메뉴 구성에 자기만의 장점이 담겨 있지 않고 고객의 발길이 가장 처음 닿는 곳에 다른 곳과 비슷한 내용만을 담고 있다면, 이러한 매력은 드러나지 않습니다. 그렇기 때문에 숨어 있는 매출이 생겨납니다. 바로 구매전환율을 더 높일 수 있는 비결에 대한 이야기입니다.

넷째, 나를 기억하지 못하는 고객이 많습니다.

제가 늘 강조하는 부분입니다. 나에게서 좋은 구매 경험을 획득한 고객조차도 우리가 우리에 대한 기억을 관리해 주지 않으면, 다음 쇼핑 때, 우선 순위를 우리로 선택하지 않는 경우가 참 많습니다. 고객은 한 명이지만 고객이 제공하는 쇼핑 횟수는 한 명이 아니라 여러 명인 경우와 같습니다. 그렇기 때문에 우리는 고객의 쇼핑 횟수를 최대한 확보하려고 노력해야 하며, 그것이 숨겨진 매출이 되는 것을 방지할 수 있는 최선의 방법입니다. 예를 들어 정기적인 해피콜, 카톡이나 문자, 메일, 기획전 홍보 등이 이것에 포함됩니다.

다섯째, 고객의 바뀐 쇼핑 행태에 대응하지 않습니다.

예를 들어 여전히 네이버페이와 같은 간편 결제를 도입하고 있지 않거나, 상담 톡과 같이 요즘 세대에 어울리는 접객 방식을 고려하지 않는 것이 이에 속합니다. 조금만 개선해도 즉시 매출 상승에 영향을 주는 요소입니다.

이 다섯 가지 이야기에 다 있습니다. 마케팅의 가장 중요한 축을 차지하는 고객관계 관리라는 것이 결국 이 이야기에 대해 지속적으로 끈기 있게 집중하는 것에서 시작한다고 봅니다.

단언컨대, 저를 포함한 우리 모두의 사업에 있어 위의 다섯 가지에 집중하고 분석함으로써 찾아낼 수 있는 숨겨져 있는 매출은 분명 있습니다. 다른 마케팅에 비해 확실하고 효율적인 매출 확보가 가능한 방법입니다.

우리가 보지 않고 있는 고객이 숨겨진 고객이고, 우리의 매력을 인식시켜 드리지 못한 고객이 숨겨진 고객이며 우리가 우리에 대한 기억을 관리해 드리지 못하고 있는 고객의 또 다른 쇼핑 가능성들이 우리에게는 숨겨져 있는 커다란 매출 확보 기회입니다.

어떠신가요? 여러분에게는 숨겨져 있는 어떤 매출이 보이시는가요.

#숨겨진고객숨겨진매출을잡아라

'같은 편' 만나기
- 광고에 대하여

광고에 대해 언급할 때 저는 늘 '광고(廣告)'라는 한자의 뜻을 강조합니다. 넓을 광(廣), 고할 고(告). 널리 알린다는 이 한자의 뜻에 광고의 본질이 들어 있다고 생각하기 때문입니다.

기업은 광고를 통해 상품이나 브랜드가 만날 수 있는 새로운 시장의 발굴과 고객의 확보, 나아가 그 과정을 통해 더 높은 이윤 발생을 추구합니다.

그러다 보니, 광고의 목적 자체를 구매 전환에 두는 경우가 많습니다. 사실 그것은 지난 역사에서 결과적으로도 타당한 부분이었습니다. 정보 전달 매체의 종류가 적고, 특히 TV나 잡지 등이 매체

영역에 대한 점유율을 독과점하던 시대에는 그 정보 전달의 방식과 내용만으로도 상품의 판매 증가와 브랜드 인지도 상승을 꾀할 수 있었기 때문이죠. 이것이 과거 일방향 시대의 특성입니다.

그러나 시대와 패러다임의 변화를 통해 이러한 양상 또한 이제 바뀌었음을 우리는 인지하고 인정해야 합니다. 과거와 달리 현재 우리가 살고 있는 시대는 개인이 미디어와 네트워크 그 자체가 되었고 과거와 동일한 시간의 양을 소모할 때 훨씬 더 많은 정보를 수급, 처리, 생산, 배포하고 있습니다. 일방적으로 정보를 주입받거나 정보의 다양성에서 격리되는 것이 아니라 정보의 흐름 한가운데에서 적극적으로 활동하고 있다는 뜻입니다.

이러한 현상은 기업이 고객에게 일방적으로 전달하던 정보 공유 방식의 변화를 요구합니다. 아직도 남과 비교 우위의 가치를 중요시 여기는 풍토는 명품이나 최신 트렌드를 이끄는 브랜드 소비에 남아 있기는 하지만 상품과 서비스 거의 전 영역에 걸쳐 성능과 품질 등이 상향평준화 되고 가격과 같은 구매 조건 등이 하향 평준화된 전반적인 시장 흐름은 그러한 무형의 가치보다 지금 당장 나의 처지를 공감하고 문제를 해결해 주고 효율을 향상시킬 수 있는 상품과 서비스를 더 빠르게 직관적으로 제공하고 있는가가 중요해졌습니다.

그와 동시에 대부분의 정보에 누구나 쉽게 접근이 가능해 언어, 지리, 학력 등과 관계없이 평범한 일반인들조차 전문적인 지식을 습득할 수 있게 되어 저관여 상품조차도 고관여 상품과 마찬가지로 구매 기준이 까다로워지고 구매 행위를 촉진할 수 있는 데이터의 유무와 퀄리티가 중요해졌습니다. 즉 브랜드가 가진 힘 이외에 상품이 가지고 있는 목적과 고객과의 공감대와 스토리의 밀도 있는 연관도가 중요해졌다는 것이죠.

비슷한 수준의 다양한 상품 중에서 내가 쇼핑을 통해 해결하려는 문제의 해법을 얼마나 정확하게 갖추고 있느냐가 구매 결정에 점점 큰 영향을 주고 있는 상황입니다. 다른 말로 상품의 개발 포인트와 구매 유도의 접객 기술이 가지는 중요도가 매우 커졌다고 할 수 있습니다.

고객 입장의 특수성을 공유하는 키워드

광고는 여전히 매출 상승을 목표로 하고 있습니다. 그러나 위에서 말씀 드린 것처럼 저는 이제 그 목표가 조금 수정되어야 한다고 생각합니다. 바로 '같은 편 만나기'로 말이죠.

이전보다 더 넓고 깊은 정보 수급이 가능해진 고객은 이제 브랜드가 제시하는 가이드에 따라 쇼핑을 하기보다는 자신이 쇼핑을 통해 획득하고자 하는 가치에 대한 적중도가 높은 상품을 찾거나 제시 받기를 원합니다. 시장 또한 그러한 고객들을 위해 이전보다 훨씬 다양한 상품들을 내놓고 있으며 이것이 시장 크기는 커지되 기존 브랜드들의 완전 독과점 영역이 줄어드는 이유라고 할 수 있습니다.

갈수록 타깃팅 환경은 좋아지고 있습니다. 마케터는 이러한 환경에서 우리의 상품과 서비스가 필요한 가장 밀도 있는 고객에게 광고를 함으로써 매출 증진의 기회를 만들 수 있습니다. 그러나 그전에 요구되는 사항이 있습니다. 그것이 바로 '공감대', '같은 처지', '내편'과 같은 고객 입장의 특수성을 공유하는 키워드들입니다.

지금의 고객은 과거 판단의 기준이 되었던 학자나 박사, 특정 브랜드가 제공하는 정보보다 자신과 같은 처지를 경험하는 쪽에서 제공하는 정보에 더 큰 가산점을 주고 있기 때문입니다. 마치 인스타그램, 페이스북, 블로그 등을 통해 얻은 정보로 최종 구매를 결정하는 것처럼 말이죠.

그래서 지금 시대의 광고가 목표로 해야 하는 것이 '같은 편 만나기'라고 말씀드리는 것입니다. 상품을 사고 싶게끔 유도하기보다는 이 광고에서 말하는 화자가 나와 같은 처지, 이 광고가 설명하는 상품이 나의 문제를 해결하는 솔루션으로 보이는 것이 최신의 기능이나 트렌드를 강조하는 것보다 더 중요해진 시대입니다. 중소기업은 특히 더 집중해야 하는 부분이라고 생각합니다.

한꺼번에 많은 정보를 수집할 수 있게 되었고 그래서 더욱 바쁘게 일하니 아이러니하게도 노동량 역시 늘어난 시대입니다. 그러니 고객 입장에서는 자기와 같은 처지에 있는 사람이 내가 공감할 수 있는 경험을 바탕으로 상품과 서비스를 통해 그 해법을 제시하는 쪽에 더 높은 점수를 줄 수밖에 없습니다. 최근 성공적인 광고 사례들에 이전과 달리 직설적이고 직관적인 표현, 더 좁고 구체화된 스토리가 담겨 있는 경우가 많은 것은 이 때문입니다.

마케팅은 시장을 활성화시키는 모든 행위를 말합니다. 그리고 시장을 활성화시키는 행위에서 가장 먼저 등장한 것은 광고라고 생각합니다. 그만큼 시장 활성화에 가장 직접적인 영향을 주기 때문이죠. 때문에 시대의 흐름에 따라 그 추구하는 목표와 방향이 근본적으로 미세하게 조정되어질 때 얻을 수 있는 효과의 차이는 매우 크다고 할 수 있습니다.

광고는 매출 증진을 목표로 합니다. 그러나 지금 그것의 첫 번째 목표는 더 높은 공감대 형성을 통한 '내편 만나기'가 되어야 합니다. 구매 유도나 판매 활성화를 첫 번째 목표로 삼게 되면 매출 증진은커녕 이전보다 비용 대비 효과, 즉 방문자 확보의 효율조차도 잡지 못하는 상황이 되기 십상이기 때문입니다.

이전에도 그것이 첫 번째 목표였지 않았느냐고요? 맞습니다. 이전에도 그랬습니다. 그러나 이제는 그 방향과 방법이 바뀌었습니다. 그 방향과 방법이 바뀌었으니, 우리는 광고를 다시 봐야 하지 않겠는가를 말하기 위해 이 글을 썼습니다.

#여러분의광고는지금고객의입장에서내편으로보이고있나요?

고객의 니즈와 심리를 전문가에게만 묻는 것만큼
바보 같은 짓이 없다.
고객은 전문가가 아니다.
대중이 유명 셰프가 아닌 백종원에게 열광하는 이유가 거기에 있다.
"비전문가처럼 경험하고 전문가답게 해결하라."

왜 안 살까? vs
구매한 이유는 무엇일까?

아무것도 사지 않고, 그냥 나가시는 분들은 그 어떤 흔적도 남기지 않습니다. 그냥 방문 숫자나 페이지뷰에 1을 더하고 사라질 뿐이죠.

그러니 그분들이 그냥 나간 이유를 분석한다는 표현은 맞지 않습니다. 추측하는 것이죠.

안 팔리는 상품이 왜 안 팔리는지 알 방법은 없습니다. 누구도 왜 안 샀는지 얘기해 주지는 않기 때문이죠.

그러니 안 팔리는 이유를 분석한다는 표현은 맞지 않습니다. 역시 추측하는 것이죠.

분석은 아무리 복잡한 상황에 대해서도 눈에 보이는 것을 바탕으로 해야 합니다.

그래서 저는 구매한 이들이 남겨 놓은 결과를 분석하라고 합니다. 구매 과정에서 주고 받은 질문과 대답, 후기 등이 이에 속합니다. 후기를 분석하라 하면, 후기와 그 후기가 있는 해당 상품의 연관성만 보는 경우가 많습니다. 사실 더 많은 상품의, 더 많은 후기를 분석하다 보면 해당 쇼핑몰을 고객이 선택한, 또는 좋아하는 이유를 알 수도 있습니다.

경쟁력은 어디에서 나오는가

바로 거기서 '다른 경쟁 업체와 다른 존재감'의 힌트를 얻을 수 있죠. 저는 그것을 경쟁력이라고 부릅니다.

"아! 우리의 경쟁력은 대체적으로 볼 때, '넉넉한 핏이었구나, 사이즈의 다양함이었구나, 배송의 빠름이었구나, 소재의 우수성이었구나' 등등."

대부분의 가치는 비교라는 과정을 통해 표현되기 때문에 다른 경쟁자와 상대적으로 무엇이 우수한지를 스스로 자각할 수 있는 힌트가 된다는 것이죠.

상품 역시 팔리는 이유를 분석하는 데 더욱 집중합니다. 역시나 구매 후 반품이나 후기 등의 사실들을 계속해서 분석하다 보면, 디자인이나 가격 이외에 이 상품이 꾸준한 판매, 또는 베스트 상품이 되는 이유를 알 수 있게 되고, 그것을 그 다음의 준비를 위한 근거로 삼을 수 있기 때문입니다.

많은 사업자들이 고민합니다. 왜 안 살까? 왜 안 팔릴까?

저는 분석합니다. 구매한 이유가 무엇일까? 팔리는 이유가 무엇일까?

그래서 우리가 브랜드로서는 어떤 가치로 고객에게 존재성이 있는지 찾아내어 그것을 잃지 않고, 개선 발전시키는 목표를 수립합니다.

잘 팔리는 상품을 육성하여 더욱 잘 팔리게 하며, 그러한 상품이 또 나올 수 있는 확률을 높여 가는 행동을 합니다.

보이지 않는 영역은 불확실합니다. 분명 그 보이지 않는 영역에 대한 성찰과 투자도 필요하지만, 우선 과제는 보이는 영역을 더 깊게 제대로 보는 것입니다.

#왜안살까?가아닌구매한이유는무엇일까?

모두가 한 마디씩 하지만, 잘하는 사람은 드물다.

'관종' 무시하지 마라. 마케터 본능을 타고난 이들이다.

그들처럼 인지도 늘리고 높이려고 해볼 것.

아마 금세 '관종'이라 폄하했던 이들을 존경하게 될 것이다.

마케팅 궁극의 목표는 동경의 대상인 '스타'가 되는 것이다.

마케팅 천재가 붙어도 상품이 나쁘면 아무 소용없다.

파는 게 아니라 사고 싶게끔 만드는 것이다.

고객마다 상품을 필요로 하는 이유가 다르고, 그

다른 이유가 상품의 존재 가치를 재정의한다.

고객과 공감하라.

낚는 것이 아니라 길들이는 것이다.

이성과 논리로 설득하려 말라. 어설픈 착각이다.

고객에게 칭찬받고 싶어서 안달 내는 것.

그것이 마케팅의 알파요 오메가이다.

마케팅은 기술이 아니다.

마케팅은 사람의 마음에 대한 존중과 공감이 본질이다.

그러니 마케팅으로 억지 쓰지 말 것.

달력
만들기

예전에 쓴 글입니다. 옛날 글이지만, 그리고 쇼핑몰 얘기지만 도움 되실 겁니다. 분명히!

과거가 보내온 현재의 지침서

작은 사업체이건 큰 사업체이건, 주변에서 좀 잘 한다 소리를 듣는 곳들이 가지고 있는 공통적인 특징이 몇 가지 있습니다.

그중 하나가 바로 달력 만들기입니다. 정확하게 말한다면, 나만의 달력, 우리만의 달력이겠죠.

이 달력 만들기는 구성원 개개인의 역량을 키워 가는 데에도 큰 도움이 될 뿐만 아니라 회사의 중장기적인 안정성과 발전 가능성을 확보하는 데에도 결정적인 역할을 합니다.

벌써 눈치 채셨나요?

바로 '일일 리포트'입니다.

사업을 하면서 우리는 하루하루 많은 일들을 겪고, 또 많은 일들을 계획하고 진행합니다. 주 단위로도 이루어지고, 월 단위, 시즌 단위 연 단위로도 많은 일들이 진행되죠. 그 진행되는 일들의 제목만이라도 기록하기를 늘 권합니다.

'0000년 0월 0주 우리 쇼핑몰은 시즌 오프 세일을 3일간 진행했습니다. 그때 세일 매출은 000만원이었고, 정상 매출은 000만원이었으며, 세일 키워드를 적극 반영한 키워드 광고 효율은 00% 상승했습니다. 문자 발송은 0000명에게 했으며, 재 구매율은 00%였습니다. 객단가는 0만원이었고, 고객 1인당 구매 아이템 개수는 평균 0개였으며, 두 자릿수 이상 판매된 아이템 개수는 00가지였습니다.'

구매전환율, 해당 기간 동안 신규 회원 가입 숫자, 가입 전환율, 각 스타일리스트별 매출 분포, 카테고리별 매출 분포, 전년도 해당 시즌 오프 세일 기간 대비 효율 분석 자료.

그때의 달력은 그 매일 매일과 그 세일 기간에 대해 세부적인 과정과 내용들을 충실하게 담고 있습니다.

이 달력은 우리에게 온고지신(溫故知新)이 됩니다.

대학에서 역사를 전공한 저는 역사의 수레바퀴라는 말처럼 역사가 계속해서 비슷한 형태로 반복되는 것을 배웠습니다.

우리의 달력은 우리에게 지금 무엇을 준비해야 하고, 무엇을 조심해야 하며, 무엇을 하면 실패 확률이 높고, 또 무엇을 도전할 수 있는지에 대해 알려주는 과거가 보낸 지침서와 같은 역할을 합니다. 역사는, 그리고 실수는 되풀이됩니다.

늘, 과거보다 현재가 문명적으로 더 발달해 있기 때문에 우리는 과거보다 지금 내가, 우리가 더 나아지고 강해졌다고 생각합니다. 하지만 이런 생각, 이런 착각 때문에 사실 과거의 기록을 경시하다가 같은 실수를 반복하게 되죠.

사업은 성공 확률을 높이는 것이기도 하지만, 실패 확률을 줄이는 것이기도 합니다.

아니, 오히려 후자가 더 중요합니다.

성공은 기회를 계속 기대할 수 있지만, 치명적인 실패로 주저앉게 되면 다시 성공의 기회를 갖기란 불가능할 수도 있기 때문이죠.

작년 이맘 때, 내 사업과 관련된 세상의 동향은 어떠했는지, 우리에게는 어떤 일이 있었는지, 우리는 고객과 무엇을 했었는지…. 여러분은 구체적으로 기억하고 계신가요?

그래서 사업 초반부터 달력 만들기는 매우 중요합니다.

남과 다른 개성과 역량을 갖추는 것이 사업의 승패에 중요하게 작용한다면, 남과 다른 달력을 보유하고 있는 것은 가장 첫 번째 갖춰야 할 경쟁력이라고 믿습니다.
　여러분은 어떤 달력을 만들고 계신가요?

#과거의기록을무시하면같은실수를되풀이한다

나에게 최선을 다한다고 칭찬하지 말라.
그건 내게 모독과 같다.
최선을 다하는 것은 모든 일의 기본이다.

– 행크 아론

다시 물이 흐르도록 하는 법
-비수기에 대하여

예전 여성의류 쇼핑몰에서 경영이사로 재직하던 시절에 썼던 글입니다.

비수기는 비수기(非水期)다

비수기(非需期). 한자로의 뜻으로는 '구함이 많지 않은 시기'를 말합니다.

하지만 저는 비수기라고 느껴지는 때를 맞이할 때마다 비수기(非水期)라는 나름의 한자어를 떠올립니다. 제 나름의 의미 부여로는 '물이 많지 않은 시기, 물이 마른 시기' 정도가 됩니다.

이스라엘에는 갈릴리호와 사해라는 두 개의 유명한 호수가 있습니다. 이 두 개의 호수는 같은 지역에 위치하지만 서로 다른 특징을 가지고 있습니다. 갈릴리호는 물이 깨끗하고 고기도 풍부하며, 주변의 자연 풍광도 좋아 축복의 호수로 불리지만, 아시다시피 사해(死海)는 이름 그대로 아무것도 살 수 없는 죽음의 바다라고 불립니다.

이유는 간단합니다.

갈릴리호는 주위 산에서 흘러 들어오는 맑은 물을 받아 끊임없이 다른 강들로 흘려 보내지만, 사해는 물이 나가는 길이 없어 고인 상태에서 썩기 때문입니다.

저는 우리가 맞이하는 비수기를 이러한 의미에서 비수기(非水期)라고 여깁니다.

계절적인 영향으로 비수기가 왔다. 세계 경제의 위기로 돈이 돌지 않아 비수기가 왔다. 여러 가지 정세의 위급함으로 소비심리가 위축되어 비수기가 왔다….

비수기가 찾아온 이유는 심하게 말하면 우리가 찾고자 마음먹은 만큼 수만 가지를 찾아낼 수 있습니다.

하지만 냉정하게 생각해 보면 그 엄청난 과거의 비수기라 불리던 때에도 잘 해낸 사람들은 분명 존재합니다. 오히려 더 큰 성장을 이루어 낸 전설 같은 이야기도 있습니다. 이유는 무엇일까요?

저는 그 이유가 바로 비수기의 원인을 다른 이유가 아닌 나 자신에게서 찾았던 그들의 혜안 때문이라고 생각합니다.

　비수기는 비수기(非水期)입니다.

　이스라엘의 사해처럼 우리의 사업이라는 물줄기가 나아갈 곳이 없게 막힌 상태로 고여서 썩어 가는 바람에 물고기도 살 수 없고 새와 나무도 생존할 수 없듯, 고객이 더 이상 즐겨 찾을 수 없게 된 상태가 되어 버린 것과 같다고 봐야 합니다.

　늘 청량하고 깨끗한 물이 흐르는 곳이라면 어느 누가 싫증을 내고 찾지 않을 수 있을까요?

　매일 새로운 아이템, 뛰어나고 재미있는 이벤트를 준비하고 타성에 젖지 않고 끊임없이 고객을 위하는 정책을 추구하는 쇼핑몰이라면 고객의 충성도와 잔존율이 떨어지는 일은 절대 없을 것입니다.

　그래서 저는 비수기라고 느껴지는 시기가 오면 '우리의 고객을 향한 자세와 정책이 지금 진행을 멈춘 상태이다!'라는 내부 경고의 알람을 울립니다.

　'똑같은 광고비를 지출하고, 같은 수준의 신규 회원 가입량을 유지하고 있으며 같은 수준의 일일 방문객이 들어오는 가운데 매출은 그대로이거나 떨어지고 있다'.

　전형적인 비수기의 상태이기도 하며, 다른 말로 하면 매일 새로운 회원이 들어 오면서 신규 구매를 일으키고 있는데, 왜 단 한 건이라도 더 주문량이 늘고 있지 않는가에 대한 심각한 본질적 질문을 해봐야 하는 자기 성찰의 시기이기도 한 것입니다.

저는 그때 '무조건 우리가 고객에게 만족감을 덜 제공하고 있다'라는 데서 그 이유를 찾기 시작해야 한다고 생각합니다.

단골로 다니던 미용실 옆에 시설도 좋고 실력이 뛰어난 미용사들도 많은 새로운 미용실이 생긴다면, 사람들은 처음에는 미안한 마음과 낯설음으로 기존의 미용실을 이용하지만 점점 많은 사람들의 입소문을 통해 그 시설의 압도적임과 미용사들의 뛰어난 실력에 대해 듣기 시작하면, 한번쯤 하는 마음으로 그곳에 들르게 됩니다. 그러다 보면 원래 있던 미용실에는 이제 파리만 날리게 됩니다. 잘못하면 영원히 진행될 수도 있는 비수기가 시작된 것이죠.

아무리 인간적으로 친하게 지내고, 정성을 다하는 마음으로 모셔도 돈을 지불하는 위치에서는 '최고의 실력'을 대가로 받고 싶은 마음이 가장 우선입니다.

결국 우리는 끊임없이 새로운 투자와 변화, 능력 개발을 통한 압도적인 실력을 추구해야 한다는 것입니다.

비수기(非水期)를 맞이하자마자 당장 이겨내는 법을 저는 모릅니다. 하지만 비수기(非水期)에 다시 물이 흐르도록 하는 방법은 압니다.

그리고 같은 형태의 비수기(非水期)는 두 번 다시 맞이하지 않을 수 있는 방법도 압니다.

그것은 현재의 상태에서 '조금 더'를 생각하는 것입니다. 각고의 노력을 통해 완성해낸 시스템, 서비스, 마케팅 기법을 유지시키지 않고, 거기서 '조금 더' 깊게, 넓게 들어갈 수 있는 새로운 고민을 늘 멈추지 않는 습관을 갖는 것입니다.

매년 달라지는 것이 아니고, 매달 달라지는 것이 아니고, 매일 달라지는 것도 아니고, 매 시간마다 달라질 수 있을 만큼 '조금 더' 고객을 향한 정책의 완성도를 높이는 습관을 가져야 합니다. 이것이 바로 비수기가 닥쳤을 때, 다시 물이 흐르도록 할 수 있는 방법이고, 같은 형태의 비수기를 두 번 다시 맞이하지 않을 수 있는 방법입니다.

그리고 그 '조금 더의 습관'이 바로 기업이 계속 생존하게 하는 건전한 투자 습관이기도 합니다.

과연 비수기가 '수요가 적어진 시기'라는 뜻인지, '고객을 향한 역량이 멈추어, 우리의 사업이 매력 없어지게 된 시기'인지 좀 더 냉정하고 분명하게 생각해 보았으면 좋겠습니다.

#현재의상태에서조금더를생각하는것

마케팅의 본질

'마케팅(Marketing)이라는 단어는 처음에 왜 생겨났을까?' 라는 생각을 해본 적이 있습니다.

그리고 내린 결론이 마켓(Market)은 시장이란 뜻인데, 이 북적북적 생동감 있는 곳이 내일도 계속 진행, 즉 번창하고 살아있게 만드는 일을 정의하기 위해 뒤에 'ing'를 붙여 '마케팅(Marketing)'이 된 것이라는 결론을 내렸습니다.

그냥 지극히 주관적인 생각입니다만, 이 결론을 내린 이후 마케팅이 무엇을 해야 하고, 어떻게 해야 하는지에 대한 고민들을 풀어나가는 것이 훨씬 쉬워졌습니다.

구매자, 판매자 그리고 상품

시장을 계속 활기차게 만들려면 시장 구성 요소들에 대한 연구가 필요합니다. 구매자, 판매자, 그리고 그 사이에 존재하는 상품.

다른 여러 가지가 있겠지만, 돈을 제외한 필수 요소로 이 세 가지를 항상 마케팅 교육의 주요 주제로 삼습니다.

먼저 구매자에 대해서는 구매자를 많이 불러오고, 계속 오게 하기 위한 부분에 대해 파고들어 갑니다. 그러기 위해 진행하는 광고는 무엇이고, 홍보는 또 무엇인가라는 질문 등을 통해서요.

이미 말했듯 광고(廣告)는 널리 고하는 것입니다. 마치 '나 여기 있어요'라고 외치듯 말이죠. 고객이 알면 분명 좋아할 상품이나 서비스이고 판매자인데, 자기 존재가 어디에 있는지 더 많은 사람에게 알리지 못해 어려워하는 이들이 많기 때문에, 광고는 내가 있는 걸 알면 좋아할 사람들이 어디에 많이 모여 있는지 찾아내어 그들 눈에 쏙 들어올 만한 내용으로 전단지를 돌리는 것과 같습니다.

홍보(弘報) 역시 널리 알린다는 뜻이긴 하지만, 광고가 '나 여기 있어요!'라는 뉘앙스라면 홍보는 '나는 이렇게 매력 있어요!'라는 느낌입니다. 좀 더 친밀하고 매력 있게, 어필하고 관계를 맺고, 그 관계를 유지해 나가기 위해 사연을 만들고, 그 사연을 주고받는, 일종의 밀당하는 커뮤니케이션이죠.

그렇게 광고와 홍보를 통해 우리의 시장과 가게에 고객을 불러모아서 상품을 제안하고 구매를 유도하고 그 과정과 결과를 통해 얻어진 고객의 니즈를 채워주기 위해 끊임없이 개선하고, 만들어 내는 것이 바로 상품과 서비스 영역에 대한 연구 과제가 됩니다.

그래서 저는 그 연구를 좀 더 쉽게 하기 위해 행동 성향에 따라 고객을 선행자, 중간자, 후행자로 구분하고, 상품은 존재 이유에 따라 베이식, 유니크, 스페셜로 구분하여 시장의 환경 변화, 유행의 흐름에 따라 대처할 수 있도록 가이드하고 있습니다.

제가 강조하고자 하는 것은 마케팅의 본질에 대한 부분입니다.

마케팅의 본질은 '어떤 시장이 좋은 시장이고, 어떤 시장이 계속 지속 가능한 시장인가? 그러한 시장을 만들고 유지하기 위해, 우리는 구매자와 상품, 판매자를 어떤 관점으로 연구해야 하는가?에 대한 지속적인 질문과 대답'에 다름 아니라고 생각합니다.

널리 알리고, 친밀한 관계가 되는 것은 바로 좋은 시장의 요건을 체질적으로 갖춘 다음에 가능하고, 그 효과 또한 바람직하게 될 것입니다.

#널리알리고친밀한관계가되는것

마케팅 하는 게 아니라
그 자체가 되는 것

 마케팅. 이제는 너무 많이 만들어서 동음이의어도 늘어납니다. 그걸 풀어서 설명하는 책과 강의로 돈 버는 이들도 함께 늘어나고요.

 '필립 코틀러가 하버드에서 한국어로 마케팅 강의 하는 소리 하고 있네' 같은 소리가 절로 나옵니다.

 마케팅은 '누가 더 그 지식을 많이 아나'의 게임이 아니잖아요? 전문가가 전문가인 이유는 전문적인 것들을 비전문가에게 이해시킬 수 있기 때문입니다.

 이 정체불명의 마케팅 용어 파티에서 놀아주는 것도 이제는 지겹고 지루합니다. 피하는 게 답이고 상대하지 않는 게 상책입니다.

'아무나 할 수 없는 것을 누구나 할 수 있게 해주는 것'. 비전문가를 대상으로 하는 교육의 목표는 바로 이것입니다.

다시 한번 목청 높여 드리는 말씀

제가 늘 강조하는 마케팅에 대한 이야기는 다음이 전부입니다.

첫째, 페이스북 픽셀 설치 공부하시기 전에 페이스북을 하세요. 눈팅하고 스크랩하고 좋아요 누르는 페북 말고, 친구 사귀고 공감 및 교감하고 내가 하는 일, 나의 생각을 공유하세요. 그러면서 나와 어울리는 페친들과의 일상부터 만들어 보세요.

둘째, 인스타그램 광고 돌리고 인플루언서 마케팅 알아 보고 공부하기 전에 인스타그램 하세요. 왜 해시태그를 쓰는지, 인스타그램 세상의 소통 방법이 무엇인지, 무엇이 유행이고 먹히는지를 직접 체험하는 인스타그래머가 되세요.

셋째, e커머스 공부하기 전에 모든 쇼핑을 인터넷과 모바일로 하는 생활 습관을 가지세요. 간편 결제 다 이용해 보시고, 알림톡이나 플러스 친구의 사용자가 되어 보세요. 키워드 센터 공부하고 키워드 운영 공부하기 전에 뭐든 검색을 많이 그리고 깊게 하는 체질이 되세요. 쇼핑은 오프라인에서 하는 사람이 무슨 e커머스 사업을 합니까?

넷째, 바이럴 공부하고 대행업체들 만나기 전에 카페 가입도 많이 하시고, 검색 결과로 블로그를 설정해서 많이 보시고 유명한 블로거들 매일 구경 하세요. 바이럴 광고라 불리는 말도 안 되는 블로그 포스팅에 혹해서 맛없는 맛집도 가보시고, 충동 구매도 해보시며 안목을 높이면서 이런 것들에 반응하는 사람들의 소비 심리도 파악하세요. 그렇게 안 하면 미국 가서 한국어 쓰는 것과 똑같아요.

다섯째, "페북이 어려워요, 인스타는 힘들어요"라고 하지 마세요. 지금 하고 계신 마케팅 공부가 더 어려워요. 마케팅 회사 차리신 거 아니잖아요. 마케터 되고 싶은 게 아니라 일 잘하고 경영 잘하고 싶은 거잖아요. 남의 회사 잘된 것, 유수 기업들 해외 현지화 사례는 엄청 많이 듣고 말하면서 왜 자신은 페북이나 인스타 현지화를 안 하냐는 말이에요.

여러분이 아는 수많은 성공 창업가와 기업인들 중에 마케팅 배우고 통달해서 시작한 사람이 몇이나 될 것 같습니까? 서울에서 집 한 채 살 때까지 아직 결혼 준비 안 됐다고 늙어 가는 사십대 노총각 술주정 같은 얘깁니다.

현장에 뛰어드세요.

식당 하려면 많이 먹어보러 다니고, e커머스 하려면 모바일 구매를 생활화하고, 반려동물 관련 사업하려면 강아지와 고양이를 식구로 맞이하는 것부터 하는 겁니다. 그리고 거기에 푹 빠져 살아 보세요.

어떤 서비스나 상품을 제시해야 하는지, 어떻게 소개하고 누구에게 어디서 팔아야 하는지 다 깨우치게 됩니다.

마케팅은 그거예요. 시장과 어울려서 계속 흥나게 놀며 내일도 모레도, 그 시장을 살아 꿈틀대도록 만드는 것. 마케팅 하는 게 아니라 마케팅 그 자체가 되는 것!

#지금하고계신마케팅공부가더어려워요

1. 고객의 불편과 불만을 상품으로 기획하라.
2. 원스톱 대행을 서비스로 기획하라.
3. 영향력 있는 주관적 정보 전달자에게 인정받아라.
4. 메시지는 둥글지 않게, 뾰족하게 전달하라.
5. 상품의 가치가 아닌, 상품이 점유하는 시간의 가치를 노려라.
6. 옳은 것도 옳다고 믿게 해야 옳은 것이 된다.
7. 비교적 우위가 아닌, 이전과 다름을 제시하라.
8. 대중의 정보 수급 매체에 적합한 상품으로 기획하라.
9. 1차 사용자가 2차 사용자를 가르칠 수 있는 명분을 제공하라.
10. 베스트셀러가 아니라 베스트셀러 작가를 지향하라.

11. 사용자 그룹의 반응에 즉시 대응하라.

12. 유행은 습관이다. 타지 말고 만들어라.

13. 은유하지 말고 직설하라.

14. 주장하지 말고 물어보거나 동조하게 하라.

15. 팔지 말고 사고 싶고 살 수 있게 하라.

16. 사용자의 망각을 관리하라.

17. 양적 게임은 마무리, 모든 시작은 질적 게임을 지향하라.

18. 선택의 이유를 한 가지로 만드는 게임을 하라.

19. 할까, 말까 망설여질 땐 시도하라.

20. 마케터가 되려 하지 말고 마케팅을 하라.

상품

고객의 결핍에서 구하라

두 개의 '왜'

기억력이 나쁜 편인데도 어떤 내용들은 시간이 지나도 절대 잊히지 않습니다.

그 중 하나가 출장 다녀오는 길에 아버지께서 사 오신, 일본 추리 소설에 나왔던 수평적 사고에 대한 내용입니다.

주인공이 상대방에게 수평적 사고를 설명하는데, 화면이 고장 난 TV의 예를 들어 이렇게 말합니다.

"보통 TV 화면이 고장 나면, 그걸 고칠 때까지 TV는 쓸모가 없다고 생각하지. 그걸 수직적 사고라고 말한다면, 수평적 사고란 TV를 뒤로 돌리고, 소리로만 들어도 되는 뉴스 채널을 틀어놓는 것과 같은 거야. 사람들은 액자는 무조건 사각형이어야 한다고 여겨. 그래서 그림도 사진도 사각형이 베이스가 되지, 우리 눈에 보이는 세상의 모양이 사각형은 아닌데 말이야. 이건 마치 한 우물을 파야 한다는 속담에 사로잡혀서, 도통 물이 안 나올 것 같은 구덩이에 매달리는 것과 같아. 수평적 사고란 빨리 물만 나올 수 있을 것 같으면, 여러 구덩이를 파도 된다는 식이지. 좌뇌의 논리로만 세상을 살지 말라고, 우리에게는 창의적이고, 창조적인 우뇌도 있다는 것을 잊지 말란 말일세.”

익숙하다면

그 어릴 적 읽었던 대목이 지금까지 제 평생을 따라 다닙니다.

덕분에 저에게는 두 개의 '왜?'가 생겼죠.

'왜 하지, 할까, 했을까, 하는 걸까?'의 이성적인 '왜'와 '왜 이렇게만 해야 하지, 저렇게만 하는 걸까, 저렇게만 보고, 저렇게만 정의할까?'의 변수를 인정하는 '왜'. 이렇게 2개의 '왜'를 갖게 되었습니다.

완성도와 가능성. 정통성과 확장성. 확실함과 불확실함. 과거를 토대로 한 선택과 과거를 발판으로 한 도전. 익숙함과 낯섦.

우리에게는 좌뇌와 우뇌가 다 있다는 그 대목이 여전히 제 뒤통수를 때리는 망치가 됩니다.

그래서 저는 제가 하는 사업도 낯선 시선으로 바라보곤 합니다.

익숙하다면, 이미 사각형에 갇혀 버린 거니까요. 사실 어제 하던 대로 사는 일은 편합니다. 바꿀 필요가 없으니까요. 하지만 그렇게 익숙하게 사는 동안 우린 끝내 사각형에 갇혀 버리게 됩니다.

#익숙하다면이미갇혀버린것이다

시점

  학창 시절 국어 시간에 우리는 1인칭 시점, 2인칭 시점, 3인칭 시점에 대해 배웠습니다.

  아시다시피 1인칭 시점은 내가 주인공, 즉 화자이고, 2인칭 시점은 상대방이 주인공이며 화자이고, 3인칭 시점은 주인공 인물들을 바라보고 이야기를 구성하는 작가가 화자입니다.

  저는 어떤 사업 분야에 대한 이야기를 하건 위에서 말한 시점에 대한 의견을 늘 빼놓지 않습니다.

  우리의 사업이 하나의 소설이나 영화와 같다고 생각한다면, 과연 어떤 시점의 이야기가 가장 성공 확률이 높을지, 주인공은 누가 되어야 하는지에 대한 이야기인데요.

사실 하고 나면 정말 뻔하고 당연한 내용입니다만, 의외로 많은 분들이 "아하~!"라는 반응을 보이셔서 저도 좀 놀랄 때가 있습니다. 너무 당연해서 오히려 잊고 있었던 걸까요?

사업가에게 필요한 시점

저는 사업을 하는 사람에게는 1인칭, 2인칭, 3인칭 시점 모두가 필요하다고 생각합니다.

길게 돌려 말하지 않고 간단히 정리하면, 성공에 대한 목표에 대해서는 '나'를 주인공으로 하는 1인칭 시점, 그 성공을 향한 과정과 성과를 획득하는 부분에 대해서는 '고객'을 주인공으로 하는 2인칭 시점, 사업이 발전해 나감에 따라 좋은 기업 문화를 만들고 인재와 시스템이 조화와 균형을 이루도록 하는 데에는 3인칭 시점이 필요하다는 생각입니다.

격투기 분야에 '두려움을 아는 자가 승자가 된다'는 말이 있습니다.

맞는 것이 두렵고, 지는 것이 두려운 선수는 마치 벼랑 끝 위기에 몰린 것과 같은 절박함과 생존에 대한 절실함 때문에 살 수만 있다면 어떻게든 해보겠다는 의지와 힘으로 주먹을 날리고, 발차기를 하고, 배우지도 않은 창의적인 기술을 사용하기 때문에 오로지 단련된 힘과 용기와 자신감만을 앞세운 선수에게 이길 수밖에 없다는 말입니다.

사업에서의 성공을 목표로 하는 우리에게는 격투기 선수와 마찬가지로 '나 자신의 생존에 대한 절박함'으로 세상과 시장과 현상과 일을 바라봐야 하는 절대적인 1인칭 시점이 존재해야 한다고 봅니다.

사업을 해나가며 우리는 매출과 이익의 성장을 목표로 합니다. 그러다 보면 잘 팔리는 상품이나 효과가 좋은 홍보, 광고, 기술 등에 많은 관심과 노력을 기울입니다. 그러다 보면 간혹, 아니 자주 우리가 원하고 있는 매출과 이익을 발생시키는 돈을 누가 가지고 있는지 잊게 되곤 합니다.

돈은 뺏어 오거나 긁어 오는 것이 아니라 고객이 쓰도록 하는 것인데, 내 입장의 1인칭 시점이 강조되다 보니 고객 입장의 2인칭 시점을 잃게 되는 것이죠.

이런 상황에서 기획하는 상품력이나 마케팅, 홍보 활동은 고객이 주인공인 시나리오가 되지 못하기 때문에 외면 받게 되고 실패하게 됩니다.

매출과 이익은 '돈'에서 나옵니다. '돈'은 고객이 가지고 있습니다.

따라서 매출과 이익의 성장 목표를 위해서는 고객이 주인공인 '2인칭 시점'을 일관되게 유지하고, 그 시점에서 생각하고 행동하는 습관이 가장 중요합니다.

나의 능력만을 발휘하는 사람보다 남의 능력을 이끌어 내고 활용할 줄 아는 사람이 더 큰 일을 할 수 있고, 나아가 남들이 조화롭게 균형을 이루어 가며 공동의 가치를 실현시키는 환경을 조성할 수 있는 사람이 가장 큰 일을 할 수 있다고 봅니다.

3인칭 시점은 말 그대로 하나의 세상을 만들고, 이야기를 꾸며 내고, 그 이야기의 완성도를 높이는 능력을 갖추는 데 필요합니다.

나의 관점, 그의 관점 그리고 그들의 관점, 나아가 우리의 관점을 이해하고 살펴 그 필요충분조건을 최대치로 이끌어 내고 구성할 수 있는 작가적 능력은 사업의 생존과 발전을 위한 체질 개선의 백미라고 봅니다.

우리는 알게 모르게 많은 시점을 경험하고 있습니다. 그것은 때로 선입관이 되기도 하며, 위험에 빠트리는 독이 되기도 합니다. 상황과 타이밍에 따라 적절한 시점의 변화 그리고 그 시점들이 가지는 진정한 힘을 파악하고 적용하는 것, 저도 늘 고민하고 연구하는 부분입니다만, 분명 의미가 깊은 부분이라고 믿습니다.

여러분의 '시점'은 지금 몇 인칭이신가요?

#나의관점그의관점그리고그들의관점

좋은 상품이란

상품은 가장 중요합니다.

상품이 있어야 고객이 있고, 거래가 있기 때문입니다.

따라서 결론은 '좋은 상품'이어야 합니다.

그 상품의 고객이 되실 분들의 '기준'에서 다음 네 가지 요건을 충족시켜야 합니다.

첫째, 좋은 상품으로 보여야 한다. 상품이 보이는 방식이 '고객'에게 공감대를 형성하는가?

둘째, 동종의 타 상품 대비 좋은 상품이어야 한다. 차별성이 분명한가? '고객'의 불편함이나 두려움을 해소시켜 주는가? 서비스나 가격의 질적, 혹은 양적인 비교 우위가 있는가?

셋째, 좋은 쇼핑 경험을 줄 수 있는 좋은 상품이어야 한다. 상담, 결제, 배송, 사후관리의 기준이 명확하고 간결하고 빠른가?

넷째, 브랜드 가치가 분명한 좋은 상품인가? 제조 및 판매에 있어 브랜드 철학이 일관되고 분명한가?

"최초의 가방이 뭐라고 생각해?"

온라인 네트워크 시대에서 모바일 네트워크 시대로 이동하며, 이제는 광고 상품 중심에서 말 그대로 고객 개개인을 중심으로 하는 매체나 마켓, 광고 채널 시장 환경이 되었습니다.

광고 상품에 대한 이해도나 운용 기술도 여전히 중요하지만, 그 어느 때보다 고객 심리에 대한 이해와 공감이 더욱 중요해졌죠. 이와 관련한 사례입니다.

"최초의 가방이 뭐라고 생각해?"

어느 날 사내 교육 중, 매일 하는 상품에 대한 이야기를 하기 위해 서두에 던진 질문입니다.

최초의 가방은 맨손이라고 생각합니다. 손으로 물건을 들고 이동했을 테니까요.

그러다 양손으로 들 수 없을 만큼의 양은 가슴에 얹고 두 손으로 감싸서 들었겠죠. 그러니 두 번째는 두 손과 품안입니다.

그보다 더 많은 양을 들기 위해, 또는 먼 거리를 좀 더 편하게 이동하기 위해 아마도 큰 잎사귀를 이용했을 것 같습니다. 지금도 저어느 오지에 사는 사람들이 바나나 잎사귀를 이용하는 것처럼요.

그러다가 장거리 사냥 등을 나갈 때, 내구성과 편리성이 좋은 가방의 필요성을 느끼고 짐승 가죽을 쓰기 시작했겠죠. 아마도 초반에 그 가죽은 약하고 잡기 쉬운 동물들의 것이었을 겁니다.

사람은 자신의 지위에 따라 더 좋은 것을 사용하려는 욕구가 있습니다. 시간이 지나면서 사냥과 전쟁을 맡은 전사나 높은 지위를 가진 자들은 아마도 더 크고, 튼튼한 가죽을 원했을 테고, 일반인들은 쉽게 쓸 수 없는 난폭한 육식 동물의 가죽을 사용하기 시작했을 거라 봅니다. 이때쯤에는 가죽을 꿰메는 기술도 있었을 테니, 가방의 모양도 좀 더 제대로 잡히고 만듦새도 좋아졌겠죠.

계급과 지위에 평등은 없습니다. 다시 또 시간이 지나며, 더 높은 지위를 가진 자들은 또 다른 차별화를 원했을 것이고, 이때부터는 이들을 만족시키기 위해 기술자들이 가죽을 가공하고, 공정에 정성과 새로운 기법을 들여 멋을 넣기 시작합니다. 그 완성도가 좋고, 인기가 있는 가방을 만드는 자는 좀 더 높은 가치를 획득할 수 있게 되고, 그에 따라 가방 제작자나 공방도 사회적인 가치 평가를 받게 됩니다. 브랜드와 마찬가지죠.

시간이 흐르며 지위를 가진 자들의 욕구는 다시 또 남보다 더 좋고 멋진 가방을 요구하게 됩니다. 제작자들은 더 희귀한 소재, 시간과 정성과 비용이 더 많이 드는 가공법, 그리고 더 정통 있는 제작자, 더 멋진 디자인이 가능한 이들을 고용하여 더 완성도 높고, 유명하고 힘 있는 사람들이 찾을만한 가방들을 만듭니다. 명품 브랜드의 등장입니다. 명품 브랜드는 그 만듦새, 스토리, 희소성 등을 차별화하며, 자기만의 시장 포지션을 갖춰 갑니다. 족보 있는 명품 또는 새롭고 파격적인 하이엔드 브랜드 시장이 성립됩니다.

인간의 욕구에 끝이 있던가요? 누군가 들고 있는 가방이라면, 내가 들 가방이 아니라고 생각하는 이들도 있습니다. 이제 커스터마이징 제품이나 참과 같이 가방을 각자의 개성에 맞추어 꾸밀 수 있는 액세서리, 또 완전 맞춤형 가방이 등장합니다. 가격은 상관없습니다. 이러한 가방은 그 소유자에게 자신의 신분을 드러내는 주요한 수단이 되기 때문이죠.

가방에 대해 이정도 이야기를 했습니다.

이유는 상품의 본질과 상품의 확장과 발전, 그리고 거기에 영향을 주는 인간의 욕구에 대해 가방을 빗대어 설명하고 싶었기 때문입니다.

생명체 중 상품을 만드는 건 인간 밖에 없습니다. 모든 생명체가 다 신이 주신 것을 가지고 사는데, 인간은 편리와 욕구 충족을 위해 무언가를 만들고, 그것을 거래하죠.

대개의 경우 그 상품의 출발은 위에서 말씀드린 것처럼, 필요성이나 기능성의 충족에 있습니다.

그러나 시간이 지나면서, 그러한 본질 위에 더 아름다운 것을 추구하는 심미성, 그리고 차별화를 추구하는 개성과 나만의 것을 추구하는 독자성 등의 욕구가 가미되며 확장되고 진화합니다.

당연히 그에 따라 시장도 확장되고, 가격 구성도 다양해지며, 더욱 다채로운 형태로 변화해 갑니다.

지금 우리가 만들고, 개선하고, 판매하는 상품, 그것이 물질적인 것이든, 서비스와 같이 비물질적인 것이든, 상품에 담긴 본질은 다 같습니다. 바로 인간의 편리와 욕구입니다.

일을 하며 우리는 계속 새로운 상품의 개발과 혁신에 대해 고민합니다. 역사는 과거이며, 미래의 촉매제이기도 합니다.

그래서 상품과 고객의 본질을 살피며, 지나온 시간들을 '왜'로 되짚어 보고, '무엇'이 '어떻게' 그 질문의 답변을 해왔는가를 생각해 보는 것은 매우 중요합니다.

#역사는과거이며미래의촉매제

'좋다'의 사용자적 의미는 무엇인가.

'좋다'는 고객 입장에서 비교적 좋다'라는 뜻이다.

전문가일수록 '좋다'라는 뜻을 제품이나 서비스의 완성도,

앞선 신기술이나 미래 트렌드의 선점으로 이해하는 경우가 많다.

그러다보니 시장에서 자신이 '좋다'라고 내놓은 상품이

큰 반응을 얻지 못하면 혼란에 빠지거나,

이 시장은 아직 수준이 안 된다거나 광고와 홍보의 탓을 하는 경우가 많다.

질문을 해보자.

좋은 상품은 누구에게 왜 필요할까?

고객이 불편을 감수하며 해외직구를 하는 이유는 무엇일까?

조금만 찾아보면 더 가성비 좋은 쇼핑이 가능한데

파워 인플루언서의 추천에 거의 홀리듯 지갑을 여는 이유는 무엇일까?

이 미련해 보이는 쇼핑의 가치는 과연 어디서 찾을 수 있을까?

비즈니스에서 '좋다'의 개념은 절대적이지 않다.

절대의 개념은 상업예술이 아닌 순수예술의 영역이다.

'좋은 상품'을 만들거나 선보이고 싶다면

누구에게 좋은지를 생각해 보기 전에

누구의 입장에서 좋은지를 바라봐야 한다.

상품 트렌드에 대한
긴 글

투자는 미래의 영역입니다. 그 성질상 도박과 가장 비슷하죠. 그래서 그 알 수 없는 미래에 대한 판단과 선택의 성공 확률을 높이는 것이 중요하다고 생각합니다.

지금까지 일을 해오며 저에게 상품은 고객이 구매하고 싶게 만들고, 다시 구매하고 싶게 만들고, 더 많이 구매하고 싶게 만들어야 하는 마케팅의 대상이었습니다. 그래서 주로 고객 관점에서의 개발, 개선, 개량에 초점이 맞추어져 있었죠.

그러다 투자에 대한 생각을 하게 되니, 그 관점을 좀 더 거시적으로 바꿔 예측의 성공 확률을 높일 수 있어야 한다는 결론이 나오더군요.

상품이 만들어지는 트렌드

다음은 제 방식으로 정리한 상품(서비스, 사업)이 만들어지는 트렌드 키워드입니다.

첫째, 리모컨의 시대.

산업혁명 이후 상품과 서비스는 속도와 편리를 추구했습니다. 더 빠르게, 더 효율적으로, 더 효과적으로, 더 편리하게, 더 멀리… 등. 기존의 모든 물리적 가치에 '모어(more)'를 붙이면 되는 게임이었죠.

이런 흐름은 현대에 이르러서 그 범위가 축소되긴 했지만 여전히 상품 개발에 있어 가장 첫 번째로 고려되고 있습니다.

개인의 삶에서는 백색가전의 혁신, 교통수단의 발달, 사람이 손과 발을 쓰던 모든 생산 영역에 대한 자동화, 매뉴얼화하는 상품과 서비스가 주역인 시대입니다.

둘째, 작품의 시대.

상품과 서비스가 기술의 힘을 빌어 일종의 상향평준화를 이루자 디자인과 만듦새 등에서 좀 더 고품질의 정교함을 추구하는 흐름이 등장합니다.

명품이라는 타이틀이 산업 전체에서 획득해야 할 최고 수준의 타이틀이 되고, 이에 따라 기능적인 우수함과 심미적인 탁월함이 함께 공존해야 하는 상품과 서비스가 전성기를 맞이합니다.

이 또한 현대에 이르러서도 새로운 상품과 브랜드의 개발에 있어 중요한 고려 사항이며, 기능적인 스페셜리스트나 최고 수준의 아티스트 그리고 마케팅 영역에서도 연예인과 스포츠 스타 등이 적극 활용되고 있습니다.

셋째, 코치의 시대.

맛(기능)과 멋(심미)이 최대 최고치를 향하며 물질의 시대는 이제, 그 물질을 계속 즐겁게 누릴 수 있도록 하는 건강에 관심을 갖습니다.

인간이 자기 자체를 자본주의에서 값있어 보이는 상품이 되게 하고, 실제로도 더 가치 있는 삶을 만드는 것에 대한 필요성을 느끼게 되죠.

그래서 '웰빙, 다이어트, 몸짱, 건강' 등의 키워드가 중요하게 다가옵니다. 그리고 이와 더불어 그 분야의 전문가들을 중심으로 한 산업군의 발달이 빨라집니다.

각종 레시피, 훈련법, 트레이닝 코스, 장치, 시설 등이 소비자에게 제안되고, 소비자들은 이미 등급이 정해진 물리적인 상품에게서 충족 받지 못한 심리적 욕구를 이러한 전문가와 관련 상품을 소비하는 것으로 위안을 삼습니다.

한번 만들어진 상품과 산업 군은 그 규모는 조금 축소되어도 수명은 계속 이어져, 현재도 역시 신상품 개발에 주요 고려 사항이 되고 있는 영역입니다.

넷째, 물류와 큐레이션의 시대.

인터넷이라는 새로운 패러다임 덕에 '더 빠르게, 더 편리하게'는 한번 더 도약합니다.

기존 비즈니스 쪽에서나 활용되던 택배는 이제 편리의 끝을 보여주는 수준까지 도달하고 있습니다. 움직일 필요는 점점 더 없어지고, 그 산업의 발전 속도는 반도체의 발전 속도보다 더 빨라지고 있습니다.

그와 더불어 인터넷은 공급 과잉을 가져옵니다. 상품, 재화, 뉴스 등… 거의 모든 영역에서의 정보 공급 과잉. 이제는 거래 이전에 선택이 중요해진 것이죠.

그래서 어떤 상품이냐(상품의 가격 및 우수성), 누가 만든 상품이냐(브랜드)를 뛰어 넘어 누가 소개하느냐, 누가 파느냐라는 유통 브랜드, 또는 소비자에게 맞춤형으로 소개하거나 새로운 트렌드를 빠르게 알리는 전문가가 중요해졌습니다.

이것은 거의 모든 분야의 상품과 서비스가 기능적으로 거의 최고 수준까지 도달했기 때문이라고 생각합니다.

그래서 이전보다 더욱 유통 브랜드나 팬덤을 형성한 백종원 대표 같은 전문가들이 중요해진 것이죠.

다섯째, 가성비의 끝.

유통 구조, 또는 유통 브랜드가 힘을 가지면, 제조 브랜드가 선택해야 할 상품 개발의 방향은 대부분의 경우 가성비로 향할 수밖에 없습니다.

향후 백여 년 뒤의 미래를 기약하는 테슬라와 같은 기업이 아니라면, 지금 당장의 이익을 낼 수 있는 분야에서 소비자가 사용하는 거의 모든 상품은 기술적으로 상향 평준화 되고 표준화 된 결과물이기 때문이죠.

중국의 생산력이 아니어도 피치 못하게 맞이할 결과가 바로 샤오미와 같은 제조업체의 등장이라고 봅니다. 인터넷을 통한 가성비 높은 상품의 유통은 이미 십여 년 전부터 존재했으나, 모바일 시대로 접어들며, 좀 더 적은 자본으로 그것의 개발과 유통을 추구할 수 있는 환경이 되어 이제는 브랜드가 아니어도 가성비의 룰을 맞추게 되면 매출을 일으킬 수 있게 되었습니다. 물론 그 수명은 짧고요.

여섯째, 노브랜드, 노스트레스.

위의 셋째, 넷째, 다섯째는 소비자에게 끼친 영향의 좋고 나쁨을 떠나 획일화 또는 정보과다 또는 검증 및 신뢰, 추가 비용의 발생 또는 자유로움의 박탈과 같은 스트레스를 유발할 수 있다고 봅니다.

예를 들어 정해진 식단과 프로그램에 따라 건강을 챙기고 몸을 만드는 것은 사실 많은 절제를 요구하고, 그것은 억제로 인한 스트레스를 유발하게 되죠.

가성비를 추구하는 상품이 유통망을 장악하면서 개성은 줄어들고, 개개인의 자존감은 떨어져 갑니다. 요즘 자존감과 관련된 연구나 컨설팅 사업 등이 세계적으로 유행하는 이유가 여기에 있다고 봅니다.

사람들은 자존감이 떨어질 때, 자유를 박탈당했다고 느낄 때, 진정한 '짜증'을 냅니다. 억제 받지 않고 살던 대로 살고 싶어 하죠.

그러나 '그렇게 하면 잘못하는 것이다'라는 사회적 분위기에 이러지도 저러지도 못합니다. 그래서 새로운 상품들이 등장하고 있습니다.

'좋지 않다, 나쁘다'라고 여겨지는 행위를 그대로 하며, 그 좋지 않은 요소들을 신경 쓰지 않아도 되도록 해주는 상품들입니다.

바로 요즘 유행하는 아이코스와 같은 담배 대체품, 그리고 다이어트를 신경 쓰지 않아도 되는 아이스크림 등이 여기에 속합니다. 하고 싶은 대로 하는데, 습관대로 사는데, 그렇게 해도 누구 눈치를 볼 필요가 없도록 해주는 것이죠.

아마존의 버튼은 누군가가 감히 나의 쇼핑 패턴을 속속들이 들여다보고 미리 반응하는 종류의 서비스입니다.

이것은 '편리의 극강'이긴 하지만, 사용자 입장에서 언짢을 수도 있는 부분이 많습니다. 그러나 최근 아마존에서 내놓은 '아마존고(AmazonGo)'와 같은 플랫폼은 매우 훌륭한 대안이 됩니다.

지금까지는 선택을 대신해 주는 것을 서비스 개발의 목표로 삼아 왔다면, 최근 산업을 주도하는 기업들은 고객의 선택하고 싶은 욕구와 권리에 대해서 영리하게 접근하고 있습니다.

소비자가 자기 의지로, 자기 스타일대로 마음대로 행동할 수 있되, 그것이 너무나 편리하다고 느낄 수 있는 환경을 제공하는 것이죠. 이러한 상품과 서비스는 앞으로도 계속 다방면에서 개발될 것으로 보입니다.

인간이 가진 욕구 중 상당수는 그것을 추구할 때마다 재화나 건강 등을 소비하게 합니다. 그래서 늘 절제를 요구받게 되는데, 그 절제를 할 필요 없게 만들어 주는 것이죠.

한 병이면 식사를 대신할 수 있는 대체식은 위에서 설명했던 속도와 편리의 '끝판왕'입니다. 그것은 인간의 생산성과 관련이 있는 것이죠. 그러니 이제 생산성 이외의 영역에서 인간의 만족도를 최대치로 보장할 수 있는 상품들이 계속 나올 것으로 보입니다.

각성 효과는 있되, 수면 장애는 걱정 없는 에너지 드링크, 마음껏 먹어도 심장에 문제가 없는 발기부전제 등 이전에도 개발에 대한 노력은 있었으나, 이제 좀 더 집중적으로 개발되어야 하는 '맛은 유지하되, 스트레스는 없는' 상품들 말이죠.

물론 여기서 맛은 비유입니다. 두려움 없이 즐기는 상품들, 특히 먹거리 쪽에 많겠지만, 그 외 다양한 영역에도 존재하리라 봅니다.

요즘은 상품이나 서비스를 볼 때, 이 부분에 부합하는 요소가 있는지 살피고 있습니다.

일곱째, 인구절벽.

인구절벽에 대한 위기설은 많이 나오고 있습니다. 그와 상관없이 중요한 것은 현재의 가족 구성입니다.

선진화된 국가일수록 인구는 줄어들고, 인간 외의 가족이 구성원으로 늘어나고 있습니다. 대표적인 개와 고양이 이외에도, 다양한 동식물이 길러지고, 키워지는 개념에서 함께 먹고 자고 즐기는 인격화된 대상으로 대접을 받는 시대가 되었습니다.

인구가 감소하며 가장 큰 수혜를 받는 것은 유아동입니다. 아기와 아이들에 대한 투자는 그 어느 때보다 밀도가 높아지고 있으며, 맹목적이기도 합니다. 그래서 시장의 크기 자체는 줄어들었으나 그 잠재 가치 자체는 더욱 높아졌다고 생각합니다.

그리고 그와 똑같은 관점에서 시장도 커지고 밀도도 높아지고 있는 분야가 반려 동식물 분야입니다. 강아지, 고양이와 함께 사는 이들은 그 동물들이 먹는 것을 스스로 먹어 보는 수준입니다. 이제는 동물 보호의 수준이 아니라 동물을 인격화하는 수준이기 때문에 각 가정마다 반려동물에게 쓰는 비용은 지속적으로 증가하고 있습니다.

중요한 것은 이러한 흐름을 통합적으로 따라가는 브랜드가 아직도 적다는 것입니다. 희소성 있는 제품을 구입하고자 하는 이들을 위해 명품 브랜드에서 이동할 때 필요한 가방 등을 내놓고 있으나, 가족 전체를 대상으로 해야 하는 분야인 가구, 여행, 숙박,

장례, 먹거리, 코스메틱 등에서는 아직 시장을 선도하는 기업이 제대로 없습니다. 물론 시도는 보이고 있습니다만.

보통 패밀리 브랜드라는 말을 많이 합니다. 그 패밀리에 반려 동식물을 고려하느냐 안 하느냐는 심지어 자동차, 백색가전 등의 정통 분야에서도 매우 중요하게 작용하리라 봅니다. 이 부분은 임팩트 있는 선점이 중요하다고 생각합니다.

여기까지가 제가 생각한 상품 트렌드에 대한 의견입니다. 이런 것을 연구하는 전문가들이 많을 테니 부족할 수 있겠지만, 이렇게 생각하고 정리하면서 지금 당장 봐야 할 것과, 투자에 대한 관점을 키우고 확립해 나가는 데 도움을 받고 있습니다.

#생각하고정리하고관점을키우며나아가다

상품 구성의 'BUS 이론'

온라인에서 직접 쇼핑몰을 운영하는 이들에게 상품 구성의 방법을 이야기할 때 저는 'BUS 이론'을 말합니다.

베이식, 유니크, 스페셜

BUS란 '베이식(Basic), 유니크(Unique), 스페셜(Special)의 앞 글자를 딴 것입니다. 아시다시피 온라인의 가장 큰 특징은 오프라인과 달리 매장 공간의 한계가 없다는 점과 24시간 운영이 가능하다는 점입니다.

이것은 하나의 매장에 상품 구비를 이론상 거의 무한대로 할 수 있다는 뜻이기도 하죠. 그래서 한때 아마존과 함께 '롱테일 법칙'이 유행하기도 했습니다. 그러한 이유 때문에 온라인상에서 상품을 구성할 때는 좀 더 복합적이고 입체적인 구성 전략을 가져갈수록 유리합니다.

각각의 의미를 예를 들어 설명하면 다음과 같습니다.

핵심은 유니크입니다. 유니크한 상품 군은 우리의 콘셉트, 서비스, 개성, 특징, 전문성 등을 대변합니다. 즉 우리의 정체성, 또는 고객에게 우리가 있어야 하는 존재의 이유가 되는 상품군인 것이죠.

모던 한복 큐레이션 브랜드를 표방하는 '하플리'를 예로 든다면 유니크란 지금 하플리에서 큐레이션하고 있는 모던 한복 군을 가리키는 것입니다.

직접 사이트에 방문해 보면 알겠지만 흔히 말하는 신식 한복 중에서도 '하플리스러운' 제품들이 무엇인지 알 수 있을 만큼 콘셉트가 분명합니다. "아! 모던 한복이란 이런 거군!" 또는 "역시 하플리 취향의 옷들이야!"라고 말할 수 있죠.

유니크는 고객이 나를 찾고 나와 관계를 맺는 이유가 되기 때문에 그분들이 우리가 제안하는 상품으로 T.P.O 즉, 시간이나 장소, 상황 등에 따라 '하플리스러움'을 갖출 수 있도록 지속적인 제안, 다양한 제안을 해나가야 합니다.

그럼 하플리에서 베이식 상품 군은 무엇이 될 수 있을까요? 베이식은 나 아니어도 다른 곳에서도 구매할 수 있으나 고객 입장에서 이런 건 기본으로 같이 팔아 줬으면 하고 바라는 상품들로 생각하면 쉽습니다.

하플리는 모던 한복이면서 여성 의류 카테고리에 속합니다. 핵심 상품 군은 원피스, 스커트, 상의 등이고 팬츠 계열은 없는 여성 의류 브랜드에 속한다고 할 수 있습니다.

그러니 계절별 속바지나 안에 입을 민소매나 탑 종류 그리고 하플리에서 많이 소개하는 허리 치마와 매칭할 만한 기본 심플 티 종류(하나의 허리 치마에 쉽게 다양한 스타일링 가능), 양말 등이 여기에 속한다고 할 수 있습니다. 물론 고객들과 직접 대화하면 아마도 베이식 상품군은 이보다 더 늘어날 것입니다.

베이식은 대개 기능의 역할이 강한 품목들이고 품절이 적고 대체가 쉬우며, 있으면 그 즉시 사게 되는 특성을 갖추고 있기 때문에 재고 부담 없이 구비하면 객단가나 구매 전환율 상승에 도움을 줍니다.

스페셜은 설명이 쉽습니다. 고유 디자인 상품, 단독 진행 상품, 고객 맞춤 상품 등이 여기에 속합니다. 브랜드 특성을 부각시킬 수도 있고 고단가, 고마진을 기대할 수도 있으며 충성도 높은 고객층에게 더 강력한 멤버십을 제공하는 기회가 될 수도 있습니다.

이러한 나름의 정리를 토대로 우리는 고객을 위한 좀 더 완성도 높은 상품 구성을 할 수 있으며, 더불어 쇼핑 횟수의 증가나 객단가, 전환율 상승도 꾀할 수 있게 됩니다.

사실 BUS 이론은 짧은 글로 설명이 어렵습니다.
B : 고객이 굳이 다른 곳에 가서 살 필요 없는 상품 구성
U : 고객이 나의 매력을 느끼게 하는 상품 구성
S : 오직 나만 제공하거나 특정 고객만을 위한 상품 구성
모든 마케팅은 언제나 고객으로부터 출발합니다!

#언제나고객으로부터출발

만들기 전에 물어 보라.

- 누구의 어떤 결핍을 어떻게 해결하여 경쟁자와 차별화하였는가?
- 그 결핍은 어디에서 어떤 방식으로 알아냈는가?
- 그 해결한 결핍은 뚜렷한 구매 이유가 되는가?
- 최종적으로 왜 당신에게서 그것을 구매해야 하는가?

위의 네 가지 질문에 대한 구체적이고 사실적인 조사,
깊은 생각, 다양한 관점이 좋은 상품의 탄생을 가능케 한다.
그리고 그 과정에서 마케팅의 성패도 90% 가늠된다.
상품 기획에 천재의 영감은 1% 정도일 뿐.
그냥 물어 봐야 하는 것이다.
"만들기 전에 물어 보라. 그게 옳다."

상품을 보는 다른 관점

인터넷 쇼핑몰에서 고객이 상품을 경험하는 방식을 크게 아래와 같은 세 가지로 나누어 볼 수 있습니다.

고객이 상품을 경험하는 방식

첫째, 보고 느낀다.

둘째, 읽고 이해한다.

셋째, 참고하고 공감한다.

저는 고객의 쇼핑 욕구가 기본적으로 크게 감정적인 면과 논리적인 면, 두 가지로 나뉜다고 전제하고 있습니다.

그리고 대부분의 고객 구매 결정에는 감정적인 면이 크게 작용한다고 봅니다. 실제로 마케팅이나 소비자 행동론에서도 이러한 내용은 자주 언급됩니다.

그러한 연유로 쇼핑몰에서 이뤄지는 고객 구매 중 많은 경우(특히 그것이 패션이나 디자인과 관련될 때는) 위에서 언급한 첫 번째 요소인 보고 느끼는 과정을 통해 이루어지곤 합니다.

때문에 상품의 사진이나 영상 촬영, 편집 등은 매우 중요하다고 할 수 있죠.

그런데 소위 말하는 잘하는 쇼핑몰, 즉 매출이 높은 쇼핑몰은 두 번째, 세 번째 역시 매우 잘 되어 있습니다.

위에서 말한 세 가지 중 첫째가 촬영 및 편집, 두 번째가 상세 설명, 세 번째가 고객 후기라고 볼 때, 잘 되는 쇼핑몰은 첫째가 기본적으로 잘 되어 있고, 세 번째 활성화 전략을 잘 진행하고 있으며, 두 번째 계속적인 투자를 통해 상품을 잘 육성시키고 있다는 것을 알 수 있습니다.

두 번째, 즉 상품 상세 설명에 계속적으로 투자해 상품을 잘 육성시킨다는 것은 무슨 의미일까요?

저는 늘 말합니다. "안 팔리는 것을 팔리게 하는 것보다, 잘 팔리는 것을 더 잘 팔리게 하는 것이 중요하다"고. 이것은 여러모로 의미가 있습니다.

베스트 상품을 거론할 때 흔히 '잘 팔린다, 많이 팔렸다, 얼마만큼 팔았다, 효자상품이다' 정도 언급하고 끝내는 경우가 많습니다.

하지만 잘 팔리는 상품은 다른 말로 많은 사람에게 공감대를 형성하고 보편적인 매력을 가지고 있으며 대중적인 필요성을 만족시키고 있다고 볼 수 있습니다.

그렇다면 이 상품은 이제 다른 관점으로 보아야 합니다.

이렇게 많은 이들이 좋아하는 상품을 안 사는 사람들은 왜 안 살까? 구매한 이들이 구매를 선택한 이유는 어디에 있을까? 그러한 이유들과 요소들은 현재의 상세 페이지에 잘 반영되어 있을까?

이런 생각과 논의를 하다 보면 해당 상품의 상세 페이지는 좀 더 효과적으로 개선되고 보완되어집니다. 당연히 고객 이탈률은 줄어들고 구매 전환율은 올라가게 됩니다.

이렇게 중요한 상품 상세 페이지의 보강을 통한 상품의 육성은 평균 이상의 성장률을 돌파하기 위해 반드시 짚고 넘어 가야 하는 부분입니다.

돈이 상품을 구매하는 것이 아니라, 사람이 상품을 구매하는 것입니다.

그러니 상품 역시 생명이 있는 것처럼 대한다면, 여러분의 마케팅과 사업은 진일보할 것입니다.

#잘팔리는것을더잘팔리게하는게더중요하다

- 고객에게 더 줄 수 있는 것보다 고객이

  지금 덜 받고 있는 부분에 집중할 것

- 유사 상품과 구분될 수 있는 포인트가 없다면,

  출시하거나 시작하지 말 것

- 좋은 상품은 선택 당하는 것이지 요구하지 않는 것

- '고객 입장에서 좋은 상품인가?'를 다양한 관점으로 검토할 것

- 우리가 보여주고 싶은 것을 보여주고 있는지,

  고객이 보고 싶어 하는 것을 보여주고 있는지 검토할 것

- 상품과 고객의 관계가 아니라

  멋진 마케팅에 우선 순위를 두고 있는 게 아닌지 냉정하게 분석할 것

- 퍼포먼스와 브랜딩을 광고적 관점에서만

  바라보고 정의내리고 실행하는 것은 아닌지 고민해 볼 것

"내가 이 상품을 당신에게서 사야 하는 이유는 무엇입니까?"

이런 상상을 한번 해보세요.

지금 여러분은 삼성의 이건희 회장이 직접 주관하는 면접장에 와계십니다. 여러분 앞에는 삼성의 주요 임원진 서너 명과 이건희 회장이 앉아 있습니다.

이건희 회장이 뽑으려고 하는 인재는 앞으로 자신의 수행비서 역할을 하면서, 동시에 일종의 씽크탱크 역할을 할 인재입니다.

서류 전형과 필기 시험은 이미 통과한 여러분은 이제 최종적으로 이번의 면접만 통과하면 합격할 수 있게 되는 상황이며, 총 1만여 명의 응시자 중 이곳 면접장까지 도달한 인원은 100명입니다.

이제 100:1의 경쟁만 남은 것입니다.

이번 면접에서 이건희 회장의 질문은 단순하게 한 가지로 일관되어 있습니다.

이제 이건희 회장이 여러분께 질문합니다.

"상품은 무엇입니까?"

여러분의 머릿속은 순간 복잡해집니다.

상품? 다행히 국어사전적 의미인 '사고파는 물건'이라는 정의가 떠오르기는 합니다만, 설마 그 대답을 들으려 하는 것은 아닐 테지요.

"우리가 팔아내야 하는 물건?"

"돈으로 바꿀 수 있는 모든 것?"

"아니, 고객 위주로 생각해야 하니까 고객이 필요로 하는 것?"

"우리 삼성을 세계 초일류로 만들어 줄 수 있는 가치?"

'도대체 삼성 회장의 바로 옆에서 씽크탱크 역할을 할 사람이 대답해야 하는 상품의 정의는 무엇일까?' 고민하고 있는 사이에 옆자리 누군가는 계속 새로운 대답을 하기 시작합니다. 이미 내가 앞에서 생각했던 대답들도 있습니다.

"새로운 것만이 진정한 상품이다."

"고객 만족을 완벽하게 구현할 수 있어야 한다."

"사람들은 공짜를 좋아한다."

"고객과 우리를 연결해 주는 끈이다."

수많은 말들이 여기저기서 터져 나옵니다.

하지만 그 어떤 대답들에도 이건희 회장의 표정은 무반응 그 자체입니다. 점점 초조해집니다. 머릿속은 그 어느 때보다 빠르게 움직입니다.

'도대체 대한민국 최고 그룹의 수장이 원하는 대답은 무얼까? 아니, 그조차도 답을 정해 놓진 않았을 것 같다. 그냥 새롭게 공감할 수 있는 답을 가진 자를 찾는 것이다.'

'그런 대답이 될 만한 상품의 정의가 무얼까?'

과연 상품을 무어라고 정의해야 이건희 회장의 면접을 통과할 수 있을까요?

그룹의 회장이 필요로 하는 인재는 아마도 상품을 정의하는 수많은 단어들을 가진 자가 아니라, '상품'이라는 기업의 가장 기본적이고 당연하게 여겨지는 자원에 대해서조차도 '깊게 생각하고 몰입할 줄 아는 인재'일 것입니다.

내가 이 상품을 사야 하는 이유

사업이란 내 일생의 꿈을 이루어 줄 수도 있는 열쇠입니다. 그러한 사업에는 유형이든 무형이든, 상품이라는 거래가 가능한 최소 단위의 재화가 아주 중요한 요소로 자리 잡고 있습니다.

그러나 우리는 의외로 '상품은 무엇인가?'라는 사업의 기본이자 기초가 되는 생각을 하는 일에 대한 투자에 인색합니다.

대부분 '지금 내가 팔고 있는 물건' 내지 '고객이 구매해 줘야 하는 가치'로서만 상품을 인식하고 바라보는 경우가 많습니다.

지금 이 글을 읽고 계신 여러분은 어떠신가요.

지금 우리의 상상 속에서 우리 앞에 앉아 "상품은 무엇입니까?"라는 질문을 하고 있는 이건희 회장은 어쩌면 여러분의 고객이요, 여러분이 상대하는 시장, 또는 세상이 될 수 있다고 봅니다.

그리고 "상품은 무엇입니까?"라는 질문은 고객 입장에서 "내가 이 상품을 사야 하는 이유는 무엇입니까?" "내가 당신에게서 사야 하는 이유는 무엇입니까?" "당신은 무얼 하는 사람입니까?"라는 질문이 될 수 있다고 생각합니다.

여러분들께 여쭈어 봅니다.

"상품은 무엇입니까?"

"내가 이 상품을 당신에게서 사야 하는 이유는 무엇입니까?"

#상품은무엇입니까?

편할 만하면 찾아왔던 시련의 시간이 닥칠 때마다
스스로 한 가지 원칙만은 반드시 지켰다.
"일은 잘 됩니까?"
"사업은 괜찮니?"
주변 후배, 친구, 선배, 가족, 파트너 누가 물어도
한결같은 대답을 단단하고 힘찬 목소리로 했다.
"네! 잘 됩니다!"
그래서 한 번도 잘 안된 적이 없었던 사람,
늘 승승장구하는 사람으로 살아왔다.

업의 본질과 좋은 상품의 진짜 의미를 모른다면

'좋은 상품이다'라는 한마디에는 어떤 의미들이 담겨 있을까요?

우리는 때로 너무 많은 마케팅을 배우려 합니다. 그러다 보니 애초 왜 마케팅을 필요로 했는지를 잊고, 그 배움에 몰입되곤 하죠.

저는 마케팅을 설명할 때, '상품- 모객- 접객- 관리'의 네 요소가 '고객'이라는 두 글자 안에서 순환되는 구조, 그 이상 그 이하를 말하지 않습니다.

'정말 그게 다'라고 확신하고 있기 때문입니다. 실제로 그게 다고요.

다만 저 순환 구조 안에 상품별, 브랜드별, 상황별에 따른 각각의 특수성에 따라 파생될 수 있는 방법들이 다양하고 많을 뿐입니다.

가장 중요한 것은

가장 중요한 것은 상품입니다.

상품이 없다면, 시장은 애초에 성립되지 않습니다.

그래서 좋은 상품에 대한 깊은 생각을 하는 것만으로도, 나머지 세 개 요소에 대한 질문들이 해결되기도 합니다.

안타까운 점은 그 깊은 생각을 우리가 잘 하지 않거나, 해봤다고 착각하는 점입니다. 이유가 뭘까, 한참을 고민해 봤습니다.

가장 큰 문제는 의외로 단순하더군요. 그것은 우리가 판매자의 욕심이 아닌, 구매자의 욕심을 우선시하지 않는 데 익숙해졌다는 것입니다.

업의 본질이 중요하다는 말은 많이 들으셨을 겁니다. 그러나 자신의 업의 본질을 알고 가는 경우는 드뭅니다.

그럼 본질이란 무엇일까요? 그것은 내가 존재할 수 있는 이유라는 뜻입니다. 나의 존재를 분명하게 설명할 수 있는 뚜렷한 가치이죠. 편리하게 쓸모나 필요성으로도 말할 수 있습니다.

'누군가에게, 세상에게, 어떤 쓸모와 필요성으로 존재 가치를 인정받을 수 있는가' 입니다.

그렇기 때문에 상품도 기업도 판매 포인트가 아닌, 구매 포인트로 사고하는 습관이 필요합니다.

왜 탐스슈즈는 광고비를 쓰지 않고, 좋은 소리 다 들으면서 기업을 성장시킬 수 있는 걸까요? 어마어마한 스펙의 인력들과 광고 모델과 대규모 자본이 휩쓸고 있는 신발 시장에서 말이죠.

마케팅은 바로 구매 포인트를 찾는 게임입니다.

마케팅은 나를 좋아하게 만드는 게임입니다.

마케팅은 강요하는 것이 아니라 인정받는 것입니다.

마케팅은 배우는 것이 아니라 하는 것입니다.

마케팅은 관계의 미학이기 때문입니다.

영향력 있는 매체에 좋은 광고 기법을 적용하는 것을 폄하하는 것은 아닙니다. 그것도 중요합니다. 그것이 우리가 목표로 하는 곳까지 가는 데 시간을 단축시켜 줄 수 있기 때문이죠.

그러나 그 자체에 매몰되어서는 안 됩니다.

한순간의 쇼맨십이 상품성을 대신할 수는 없습니다.

그러니 '효율적인 광고'에만 매달리지 말고, 광고를 통해 얻을 수 있는 시장의 반응에 더 집중해야 합니다.

업의 본질과 좋은 상품의 의미를 몰라 무너지는 곳들을 곳곳에서 보게 됩니다. 다시 묻습니다.

'좋은 상품이다'라는 한마디에는 어떤 의미들이 담겨 있을까요?

#좋은상품이다라는한마디에담긴의미

큰 문제를 잘게 쪼갠다고 해서

그것이 작은 문제가 되지는 않는다.

큰 대상을 세분화 한다고 해도

전체는 여전히 큰 것이다.

그러나 그러한 과정을 통해

우리는 더 다양하고 많은 물음표와

느낌표를 만날 기회를 갖게 된다.

그렇게 멈춘 걸음을 다시 내딛을

새로운 지점과 방향을 만나게 되는 것이다.

지금 난감한 벽 앞,

어지러운 문제 앞이라면

쪼개고,

쪼개고,

쪼개자.

감당할만한 것이 될 테니.

잘 팔리는 상품,
잘 파는 브랜드

잘 팔리는 상품= 기존에 없던 상품= 남다른 상품.

그 상품이 베이식, 유니크, 스페셜 어디에 해당된다고 해도 잘 팔리는 상품은 본질적으로 남다름의 속성을 가지고 있습니다. 그리고 그 남다름은 구매자의 소유욕이 원하는 기준을 충족시켜야 합니다. 그렇다면 그 기준은 과연 무엇일까요?

가장 중요한 3가지는 품질과 기능과 가격입니다. 이것들이 어우러져 유사 상품과 비교하여 우위를 점할 수 있을 때, 그것은 좋은 상품이 됩니다.

먼저 품질에 대해 말한다면 시중에 나와 있는 여타의 상품보다

원재료나 소재 퀄리티의 순도가 높거나 내구성이 뛰어나거나 디자인이 우수하다면 그 제품은 비교 우위의 가치를 가지게 됩니다.

친환경 소재나 안전과 안정성에 공인을 받은 제품들이 여기에 속할 것입니다. 군더더기 없이 간결하고 보기 좋은 디자인은 그 가치를 더욱 높여 주죠.

두 번째, 기능적인 우수함은 그 효과와 효율에 중점을 두어야 합니다. 특정 영역에 대해 특별히 우수한 효과나 효능을 가졌거나 복합 기능을 구현할 수 있어 효율이 높거나 다른 상품들과 호환성이 좋은 것이 여기에 해당합니다.

고객 입장에서는 신기함 이전에 탁월함과 편리함을 우선시하니 그 부분이 고려되어야 하겠죠.

마지막으로 가격은 사실 가장 강력한 무기입니다. 시장의 승자는 대부분 가격 결정력이 매우 강한 특성이 있습니다. 아시다시피 판매 가격은 원가에 좌우됩니다.

본래 원가는 단순한 재료비와 생산비나 인건비 이외에도 유통 수수료와 광고비, 물류비 등이 포함되어야 맞습니다.

때문에 생산 능력이 상향, 하향으로 모두 평준화된 지금 시대에서는 경쟁자와의 가격 싸움에서 우위를 점하려면 그 원가 계산 항목에서 누가 더 유통 수수료, 광고비, 물류비를 절감할 수 있느냐가 시장 경쟁에서 큰 승부 요소로 작용합니다.

제가 계속해서 SNS 활동을 강조하고, 직접 판매를 지향하고, 고객을 직접 관리하라고 독려하는 이유도 여기에 있습니다.

위의 3가지보다 더 강력한 구매 기준이 있다면 그것은 브랜드 파워입니다. 브랜드 파워란 곧 신뢰도를 가리킵니다. 그리고 그 신뢰도는 구매자가 스스로 상품의 구매 정보를 공유하고 전파할 가치까지 만들어 줍니다. 마케팅의 지향점 그 자체인 것이죠.

중소기업이 시장 경쟁에서 자주 어려움을 겪는 이유는 이 브랜드 파워를 보유하지 못했거나 그것이 약하기 때문입니다. 그러면 그것을 만들고 강화하는 방법에는 무엇이 있을까요?

유명인을 모델로 쓰거나 대량의 광고를 집행하는 게 후광 효과를 확보해 그 목적을 달성하는 전통적인 방법이었다면, 사실 그것은 작은 회사 입장에서는 가격 결정력이 약해질 수밖에 없는 위험한 선택이 됩니다. 아니 시도조차 못하는 경우가 더 많죠.

그러나 모두가 미디어와 채널을 만들 수 있게 된 지금의 시대에 그것은 좀 더 쉽게 가능해졌습니다. 지금은 관계, 공유, 확산의 시대입니다. 위에서 말하는 좋은 상품의 3가지 요소 중 하나만 제대로 갖췄다면 주저 없이 그 시대적 장점을 활용하면 됩니다.

다음 세 가지를 실천하자

첫째, 직접적인 관계를 많이 만드는 것을 생활화 합니다.
둘째, 사용자 입장에서 상품을 설명하는 것을 생활화합니다.
셋째, 직접 판매를 통해 고객을 만들고 주요 고객층과 연결된 사람들을 지지자 또는 파트너로 만들고 관계 관리를 합니다.

위의 3가지를 실천하는 체질을 만드는 것이 답입니다.

계속 말씀 드립니다. 직접 만나고, 직접 팔고, 직접 관계하는 것부터 해보시라고. 작은 시도로 보이고 기대치에 비해 그 결과가 별 것 아니게 보여도 계속 시도하며 그 체질을 완성해 나가야 합니다. 처음이 어렵지 일단 시작하면 됩니다. 그 하루 하루가 쌓여 고객을 향한 체질이 됩니다.

그렇지 않을 경우 여러분은 광고에 의존하고, 유통망에 의존하는 형태에서 벗어나지 못하게 됩니다. 그러나 그것은 잠시간 화려한 불꽃놀이는 될 수 있을지언정 단단하게 뿌리내리고 번성하는 백년목을 만들 수는 없는 구조입니다.

누구에게 물어 보고, 누구를 관찰하고 만드십니까?

누구와 관계를 맺고, 그 관계를 육성하고 계십니까?

누구에게 팔고 있습니까?

이 내용을 지금 당장 실천한다면 승리의 병법서가 될 것이고, 그러지 않는다면 훗날 눈물 흘리며 다시 뒤적이는 예언서가 될 것입니다.

세상이 무서운 속도로 변하고 있습니다. 몇백 억 원을 넘어 조 단위까지 적자를 내고 있는 일부 스타트업이나 투자 받은 유통사들의 이야기에 관심 두지 마세요.

연예인 사생활 이야기와 마찬가지로 그런 이야기들은 우리의 삶에 아무런 영향을 미칠 수 없습니다. 내 인생에 직접 영향을 미치는 일들에 관심과 에너지를 집중해야 합니다.

지금 당장 직접 나서서 고객을 만나고 팔아 보세요.

#지금당장고객을만나팔아보라

CHAPTER
5

고객

이기는 사업가는 사람 먼저 공부한다

등가 교환의 법칙

저는 만화를 좋아합니다.

그 좋아하는 정도가 아주 심해서, 지금도 스트레스를 좀 받는다 싶으면 주저 없이 만화방으로 가곤 합니다.

예전에 읽은 만화 중에 강철의 『연금술사』라는 만화가 있었는데, 꽤나 철학적인 내용이 담겨 있어서 많은 독자들에게 그 안의 대사들이 회자되곤 합니다.

그 중 하나가 바로 등가 교환의 법칙입니다.

사람은 무언가를 희생하지 않고서는, 아무것도 얻을 수 없다. 무언가를 얻기 위해서는 그와 동등한 대가를 필요로 한다.

그것이 연금술에서의 등가 교환의 법칙이다.

그 때 우리들은 그것이 세상의 진실이라고 믿고 있었다.

- 강철의『연금술사』중에서

위에 인용한 글처럼 등가 교환의 법칙이란 등가 교환(等價 交換)이라는 한자 그대로 '같은 가치의 교환' 입니다.

금을 원하면 금만큼의 가치를 할 수 있는 무엇을 제공해야 하고, 밥을 원하면 먹으려 하는 식사만큼의 돈이나 물건과 같은 가치를 제공해야 하는 것이죠.

이 법칙, 언뜻 보면 참 멋집니다. 아니 인생의 이치 중 한 부분을 멋지게 표현한 것이 분명 맞습니다.

그래서 이 법칙에 입각하여 성공을 목표로 한다면, 우리가 원하는 성공의 모습을 구체적으로 그려 보고, 그것을 가질 수 있도록 그 만큼의 가치를 투자해야 한다는 식으로 말하곤 합니다.

그런데 문제는 이 '등가 교환' 이라는 것이 무언가를 얻고자 하는 편에서는 때로 상당히 불리하고 공정하지 못하다고 느껴질 수도 있다는 것입니다. 우리는 충분한 가치를 제공했다고 생각하는데 얻고자 하는 것을 얻지 못하는 때가 더 많기 때문입니다.

정말 남보다 덜 자고, 더 하면서 열심히 일했는데, 승진 심사에서 떨어지거나 연봉 협상이 제대로 풀리지 않으면 참 억울합니다.

내 생각에 이 만큼을 했다면, 내가 원하는 만큼을 받아야 하는데 그렇지 못한 때가 더 많으니 말입니다.

바로 여기에 등가 교환의 법칙이 갖는 무서움이 있습니다. 어떤 가치를 얻으려면 그와 같은 정도의 가치를 제공하면 된다지만 사실 그 가치가 서로 같은 정도, 즉 '등가의 정도'라는 것을 결정하는 쪽은 언제나 '지금 가진 쪽'이라는 무서움 말입니다.

말장난처럼 들릴 수 있지만 이것은 우리가 사업을 하고 경영을 하면서 얼마든지 겪을 수 있는 문제들을 냉정하게 바라볼 수 있도록 도와줍니다.

직원이나 조직이 경영자인 내 뜻대로 움직이길 바랄 때, 바라는 쪽은 경영자이고 지금 가진 쪽은 직원, 조직입니다. 고객 충성도나 재 구매율의 상승, 매출액의 상승을 바랄 때 역시 지금 가진 쪽은 고객입니다.

생각해 보죠. 직원도, 조직도, 고객도, 경영자나 사업자가 정말 굉장히 최선을 다했다고 생각함에도 불구하고, 시큰둥한 반응이나 기대에 못 미치는 반응을 보여 주는 경우가 많습니다. 때로 이런 반응들이 서운하기도 합니다.

우리의 최선을 그들은 당연히 해야 하는 기본으로 바라보고, 언제나 좀 더 특별한 그 무언가를 기대하고 요구합니다. 사실 우리를 좌절하도록 만들기 쉬운 이유 중 상당수가 이런 식의 구조에서 생겨난다고 봅니다.

'내가 가진 자가 되는 것'

해결하는 방법에는 무엇이 있을까요?

저는 가진 쪽이 압도적으로 유리한 이 등가 교환의 법칙이 가지고 있는 문제를 이렇게 해결해 나가고 있습니다.

바로 '내가 가진 자가 되는 것' 입니다.

고객에게서 구매를 이끌고 관심과 재 구매, 더 높은 객단가 그리고 변치 않는 신뢰를 얻고자 한다면 고객이 갖고 싶어 못 견디는 그 무언가를 보유하거나 그런 존재가 되는 것에 더욱 집중해야 합니다. 고객에게 구매를 얻어 내려고 매달리는 것이 아니라 고객이 갖고 싶어 하는 감동을 품고 정확성과 신뢰성, 트렌드, 일종의 브랜드 가치 등을 품고 있게 되면 이제 등가 교환의 갖고 싶은 쪽과 가진 쪽의 위치가 바뀝니다. 고객이 오히려 더 써야 하는 상황이 될 수도 있는 것입니다.

도대체 그걸 어떻게 하느냐고요?

다른 것을 제안하거나, 다르게 제안해야 합니다.

다른 곳들과 비교했을 때 말이죠.

'가치라는 것은 대부분 비교에 의해 나오니까요.'

질문에 대한 답은 각자의 몫입니다. 각자의 사업이 다 다르듯, 각자의 고객과 그 고객의 니즈가 다 다릅니다.

그러니 지금 자신이 하고 있는 사업에 있어 고객이 되는 분들의 옆으로 잠시잠깐 자리를 옮겨 그들의 눈으로 보고 그들의 입장에서 듣고 그들의 상황에서 경험해야 합니다.

사업은 정말 원시적인 얘기지만, 발로 뛸 때 얻는 게 더 많으니까요.

결론입니다. 우리는 정말 고객을 보고 있을까요?

죽을힘을 다하고 최선을 다했으니까 승부에서 당연히 내가 이길 거라는 건 착각, 죽을힘의 방향이 중요합니다.

#최선을다했으니내가이길거라는건착각

처음 온라인 쇼핑몰이라는 곳의 컨설팅을 맡았을 때,

내부의 관점과 나의 관점은 달랐다.

매출액을 말할 때 구매 건수에 집중했고,

VIP의 구매 금액을 말할 때 구매 횟수를 다시 봤으며,

객단가를 말할 때 일인당 구매 아이템 개수를 확인했고,

미 배송량 처리를 말할 때 미 수령자 리스트를 보았다.

고객 관점은 고객을 우러러 보는 것이 아니라

고객의 처지가 되어 상황을 바라보는 것에 다름 아니다.

점점 사람이 사라지고, 숫자와 패턴으로 가득 찬 빅 데이터만 남는다.

기업의 수명은 고객이 정한다.

정확하게는 고객의 마음, 브랜드에 대한 애정이 정한다고 할 수 있다.

숫자로 분류할 것인가? 그의 이름을 부를 것인가?

고객을 향한 관점의 방향이

오늘 내가 하고 있는 비즈니스의 운명을 바꾼다.

고객을 이끈다는 것 vs
함께 호흡한다는 것

가끔씩 우리가 원하는 방향으로 고객을 이끌기 위해 참 많은 힘을 쓰고 있다고 느낄 때가 있습니다.

볼링에서 배운 힘 빼는 법

저는 18년째 볼링을 즐기고 있는 아마추어 동호인입니다.

아무리 아마추어라고 해도 오랜 시간 한 가지 운동을 진지한 자세로 꾸준히 하다 보면 어느 순간 주변의 프로 선수라고 하는 사람들도 가끔 인정을 해줄 만큼의 해박한 지식과 나름의 노하우로 누군가를 코치해 줄 수 있게 됩니다.

그런 코칭의 순간에 가장 많이 나오게 되는 말은 "힘을 빼고 스윙하라"입니다. 이거 참 난해하고 어려운 말입니다.

15파운드나 되는 무거운 볼을 한 손에만 의지해야 하는 운동인데 팔에서, 어깨에서 힘을 빼라고 하니 말입니다.

이 말은 곧 '스피드와 리프팅이 중요한 운동인데 부드럽게 해야 더욱 강한 구질을 가질 수 있다'는 뜻입니다.

재미있는 사실은 초보자에게는 이런 코칭이 액면 그대로 받아들여지지만, 중급 정도 되는 실력을 갖춘 이들에게는 너무나 어려운 내용이 된다는 것입니다.

실력이 어느 정도 되었다는 평을 듣게 되는 순간, 이제 고급 단계로 가기 위해 다시 한번 체득해야 하는 것이 무거운 볼을 컨트롤 할 수 있도록 키워진 힘을 다시 빼야 한다니 일면 모순된 코칭을 받아들이는 것이 힘겹습니다.

이때부터 볼러는 자주 슬럼프를 겪게 됩니다.

좀 더 강한 구질을 갖추기 위해 볼을 던지면 던질수록 자기 의지와는 전혀 다른 코스, 다른 스피드, 다른 롤을 경험하게 됩니다. 열심히 노력해서 갖추었던 정확성도 떨어지게 됩니다.

지금까지 칭찬 받았던 구질이 변하기 시작합니다.

힘을 빼려 하면 할수록 오히려 힘이 들어가며 점수는 떨어지고 좋았던 폼조차 나빠지는 경험을 하게 되기도 하죠.

그러나 그 과정 속에서 결국 '힘을 빼는 법'을 깨우치게 되면 그

때부터는 볼링의 새로운 맛과 수준을 경험하는 나름 고급자 수준이 됩니다.

'골프에서는 스윙할 때 힘을 빼라, 축구에서는 볼을 찰 때 힘을 빼라, 야구에서는 배트를 휘두를 때 힘을 빼라.'

모든 운동에서 결국 한결같이 듣게 되는 충고이고 가장 마지막까지 듣게 되는 가르침입니다.

사업을 하면서도 똑같은 경험을 하게 됩니다.

어느 정도 수준에 이르러서 정체기를 맞이하게 되었을 때, 힘을 빼야 하는 것을 잊거나 힘 빼는 법을 깨닫지 못한 것은 아닌지 돌아 봐야 합니다. 고객을 설득하는 데에만 열을 올리고 마케팅은 불가능을 가능케 하는 것이라는 믿음으로 내가 원하는 결과에 고객이 도달하게끔 이끄는 데에만 열을 올리는 일은 어쩌면 고객에게 억지 부리는 것인지도 모릅니다. 이때 막막한 벽에 부딪히는 것과 같은 한계를 경험하게 됩니다.

힘을 쓰면, 우리는 고객의 뒤를 졸졸 쫓아다니며 원하지도 않는 상품으로 설득하는 귀찮은 존재가 됩니다. 하지만 힘을 빼면, 고객이 스스로 찾아와 조언을 구하는 파트너가 될 수 있습니다.

고객을 이끄는 것과 고객과 함께 호흡하는 것의 차이.

바로 힘을 쓰는 것과 힘을 빼는 것의 차이와 같다고 생각합니다.

#힘을빼면고객이파트너가된다

초기 사업자, 특히 영세 사업자,

그 중에서도 사업 성장 시기에 정체나 위기를 맞이한 사업자라면

반드시 정의하고, 만들고, 살피고, 단단하게 다져야 하는 고객.

일명 '단골'.

사업의 운명을 바꾸는 촉매제 역할을 하는 사람들.

더 많이 사고, 더 자주 사는 그분들.

나와 사연이 많은 그분들.

내가 사라지면 불편할 그분들.

"단골이 있으십니까?"

우리가 멈추지 말아야 하는 일

2010년 어느 커뮤니티에 썼던 글입니다. 현재도 여전히 유효한 고객 관점에 대한 이야기입니다.

고객 관점에 대한 이야기

저는 지금 일하고 있는 여성의류 쇼핑몰에서 햇수로 4년째 일을 하고 있습니다. 처음 2년은 쇼핑몰을 기업 체질로 만들기 위해 노력했고, 그 다음 2년, 즉 지금까지는 쇼핑몰의 한계에 도전할 수 있는 체질을 만들기 위해 노력하고 있습니다.

무려 8년의 역사를 가진, 나름 여성의류 쇼핑몰 분야에서 성장

해온 곳이지만 사실 작년 말부터 관련 업계의 깊은(?) 관심의 대상이 되기 시작했습니다.

엄청난 성장을 이뤄내며 한 번도 우리에게 직접 찾아온 적 없었던 물류회사 및 각 분야의 생산 공장, 딜러, 무역업자 등등 수많은 관련업계 종사자들이 끊임없이 약속을 잡아 달라고 하기 시작했습니다.

그리고 여러 루트를 통해 우리의 급격한 성장 비밀이 무엇인지 알고 싶어 하는 분들의 다양한 접근도 시작되었습니다. 거래처를 통해서, 파트너사의 실무자 및 임원들을 통해서, 직원들 간의 친분을 통해서.

이런 분위기가 되니까 회사가 들뜨기 시작했습니다. 직원들은 무언가 달라진 세상의 대우와 좋아진 회사 여건에 취해 벤처 마인드가 아닌 대기업 마인드로 일하기 시작했습니다. 변화에 능동적이었던 자세는 현재를 더욱 안정적으로 만들기 위한 일에 비중을 더 크게 두는 보수적인 자세로 변해 버렸습니다.

'우린 이제 시장에서 인정받은 대세다. 그러니 우리를 알리기만 하면 된다. 우리를 알면 그 어떤 사람이라도 우리의 고객이 될 수밖에 없다. 그러니 더 큰 마케팅, 더 넓은 영향력을 가진 광고에 투자하면 된다'는 식의 분위기가 흐르고 있었습니다.

사람은 어떤 방법들을 실천해서 성공을 거두면, 그 방법들을 실행하게 했던 진정한 절박함이나 마음은 망각해 버립니다.

'변화하지 않으면 죽는다'는 절박함이 우리로 하여금 수만 가지 방법들에 도전하고 실천하게 해서 남들이 밖에서 말하는 '기적적인 결과'를 만들어 낸 것입니다. 그러나 소위 '배부르고 등 따뜻해지니' 가지고 있는 것만으로도 어렵고 힘든 '절박한 마음'은 묻어 버리고 돈만 쓰면 되는, 아니 사람만 늘리면 되는 쉬운 '방법'들에 눈을 돌리기 시작한 것이죠.

그러면서 성장이 멈췄습니다.

물론 기적처럼 이룩한 고 매출은 계속 유지했으나, 그 이상의 성장은 더 이상 진행을 멈추게 되었습니다. 더 많은 마케팅, 더 비싼 광고를 하여 일일 회원 가입 숫자는 점점 더 늘어나고, 방문객 숫자도 이전에 볼 수 없었던 수치까지 올라갔으나 매출과 구매 건수는 일정 수준에서 멈춘 채 올라가지 않기 시작한 것이죠.

그래서 어느 날, 저는 다시 칼을 뽑아 들었습니다. 송아지가 아닌 다 큰 소들이 되어 이제는 고삐를 잡아 당겨도 쉽게 따라 오지 않게 되어 버린 동료들에게 우리가 가진 진짜 힘이 어떤 것이었는지 알려주기로 했습니다.

회의를 소집했습니다. 우리가 일 년 만에 세상이 놀랄만한 성장을 한 이유를 대라고 물었습니다.

'다양한 스타일, 많은 상품, 편리한 쇼핑 구조, 빠른 배송, 예쁜 모델, 멋진 사진 등등'이라는 답이 나왔습니다.

예상은 했지만 그 대답들이 절 너무 실망시켰습니다. 전 이렇게 물었습니다.

"다양한 스타일과 많은 상품을 가지고 있으면서, 쇼핑도 편리하게 구성되어 있고 빠른 배송이 가능하며 예쁜 모델에 멋진 사진이 있는 여성의류 쇼핑몰이 대한민국에 몇 개일 것 같으냐?"

침묵하고 있는 동료들에게 말했습니다.

"정답은 생각보다 많다!"

다음은 이어진 저의 일갈입니다.

"지금 그대들이 말한 우리를 성장시킨 이유의 요소들은 대한민국의 모든 쇼핑몰들이 추구하고 있고 노력하고 있으며 실현시키고 있는 부분이다. 특별하지도 압도적이지도 않은 요소다.

과연 그렇게 특별하지도 않고 압도적이지도 않은 요소들이 우리를 성장시킨 것일까?

우리에게는 남들에게는 '보이지 않는 우리만의 힘'이 있다.

우리는 지난 3년 동안 그 힘을 갖추기 위해 노력해 왔고, 그 힘들이 어느 정도 완성되었기에 그 결과로 기적 같은 성장을 이룬 것이다.

우리는 모두가 눈으로 물건을 인식할 때, 물류팀장이 그만두는 상황을 이겨내며 바코드 시스템을 장착해 실수 없는 물류를 이루어 냈다. 우리는 업계 대부분에서 재고 부담 때문에 주문 접수 후 시장 사입을 고수할 때, 고객에게 돈 먼저 받고 물건을 준비하기에 어떤 때는 사기꾼이 될 수밖에 없었던 폐단을 없애기 위해 없는 살림을 바닥내 가며 선 사입을 통해 물건을 먼저 채우려 노력했다.

우리는 남들이 교환/반품 불가를 어떻게든 고수하려 할 때 '고객에게 무조건 다 해드리겠다'는 선언을 하고 실천했다. 우리는 남들이 사람이 너무 많다고 할 때, 검품 시스템을 위해 물류팀과 똑같은 수준의 인원을 투입하고, 월세 나가는 돈을 늘려가면서 고객에게 불량품을 보내지 않기 위해 노력했다.

억지 부리는 고객이 있으면, 임원급이 직접 통화해서 억지 주장까지 다 들어드렸고, MD팀만 있으면 된다는 쇼핑몰에 디자이너들을 데려와 팀을 꾸리고, 스타일리스트팀을 꾸리고, 면접 보러 오는 사람들마다 쇼핑몰에서 처음 본다는 통계관리팀까지 만들었다.

남들은 신상품 할인 제도로만 알고 있는 우리의 '오늘의 신상 5% 할인' 코너가 가지고 있는 숨은 의미와 같이 지금까지 외부업체에서 올 때마다 '왜 이런 걸 하지'라고 생각하고 의문을 던졌던 행동들이야말로 우리가 기적을 이룰 수 있도록 만들어 준 '보이지 않는 힘'이다.

봐라! 세상을 이끌겠다고 주장하는 현대카드 M의 광고는 겉으로는 고객을 타깃으로 하는 것 같지만 사실 그들이 부수고 만든다는 남다른 혁신적 행동은 업계를 타깃으로 하고 있는 것이다.

왜 우리가 하는 많은 노력들이 사실 고객의 입장에서 보면 '다른 업체들의 노력과 별 차이가 없게 느껴진다'라는 사실을 모르고 있느냐!

진정한 변화는 겉에서는 일어날 수 없다. 보이지 않는 경쟁력이 진정한 혁신이 되어 고객에게 제대로 된 만족을 가져다 줄 수 있는 것이다.

그런데 우리가 지금 고객에게 인정받은 것 같다고 해서 더 큰 광고에 신경 쓰고 새로운 혁신을 중단한 채 기존의 것을 더 잘 지키기에만 몰두한다면, 우리는 요즘 모든 쇼핑몰들이 바코드를 장착하는 것이 일반화 되었다는 관계자의 말처럼 결국 누구나 다 따라할 수 있는 곳 정도로 머무르게 될 것이다.

혁신을 멈추면 우리가 확보한 경쟁력의 절대치는 떨어지지 않겠지만, 다른 경쟁자들의 경쟁력이 우리와 같아지는 날이 올 것이고, 그때 우리는 다시 예전의 수준으로 전락하게 될 것이다!"

이야기가 너무 길어질 것 같아, 집안 사정은 여기까지만 쓰기로 하겠습니다.

그 날을 계기로 우리는 다시 또 창업을 했습니다. 지금까지의 우리와 결별하고 새로운 쇼핑몰을 만들기 시작한 거죠.

이전과 다른 점은 예전에는 왜 해야 하는지 모르고 리더의 뜻에만 따라온 사람들이었다면 이제는 왜 해야 하고 무엇을 해야 하는지 아는 이들이 훨씬 더 많은 상태라는 것입니다.

결국 고객이고, 사람이겠죠.

우리가 기업인으로서 추구해야 하는 진리와 가치도 모두 사람에게 있다고 봅니다.

　사람에 대한 깊은 관심과 배려, 이해하려는 노력과 연구가 우리가 무엇을 해야 할지, 왜 해야 하는지에 대해 큰 틀에서부터, 디테일한 방법들까지를 다 알려 주는 것이라고 생각합니다.

　수많은 광고 기법들은 우리가 그러한 가치 실현을 잘 해나갈 때, 그 잘한 것을 증명받을 수 있도록 세상에 우리를 소개해 주는 수단입니다. 자신이 광고 사업자가 아니라면 내 스스로가 가진 힘과 역량은 100% 하나도 남김없이 내 업과 사람에 투자해야 하고 광고는 믿을 수 있는 사람이나 업체에 맡기는 것이 맞다고 봅니다.

　「워낭소리」라는 독립 영화가 한국 영화계에서 기적 같은 관람객 숫자를 기록했습니다.

　홍보를 잘해서? 광고를 잘해서?

　「워낭소리」의 힘은 감동이었습니다. 고객, 바로 관객을 감동시킨 힘이 컸기 때문에 영화 시장에서 기적을 불러일으킨 것이죠.

　어떤 한 가지 정의로 규정지을 수 없는 사람이라는 존재. 시간과 공간에 따라 끝도 없이 변화하고 있는 사람이라는 존재. 그 사람을 만족시키고 감동시키는 것이 우리의 의무라면, 우리도 끊임없이 변화하고 혁신하는 일을 멈추지 말아야 합니다.

　그것이 진정 고객이 우리에게 원하는 것일 테니까요.

#결국고객결국사람

장사를 하다가 사업을 하다가 일을 하다가

불안하면 점쟁이나 무당을 찾아가지 말라.

똑같이 불안해 하는 무리의 모임을 찾아가지 말라.

당신이 찾을 곳은 그 불안감을 해소해 줄 비법이 있다고

떠드는 곳이 아니라 바로 고객이다.

그 불안감이 해소될 때까지 만나고 대화하기를 멈추지 마라.

답은 오직 그곳에만 존재하는데

왜 그렇게 다들 그 주변에서만 맴도는지 모르겠다.

고객은 두려워 할 대상이 아니라 가장 친근하게 지내야 할 대상이다.

고객이 보고 싶어 하는 것을
보여주는 사람

누군가에게 다가가서 경청하여 원활한 대화를 잘 할 수 있는 방법론을 묻는 이들이 많습니다.

팁은 간단합니다.

"누군가에게 당신의 말을 들려주고 싶다면, 먼저 그가 듣고 싶어 하는 사람이 되어라!"

제가 이 책에서 끊임없이 관점에 대한 이야기를 질리도록 하게 되는 이유와도 같습니다.

상대에 대한 나의 목표에 집중하게 되면 상대 입장에서는 강요와 설득으로 보이기 마련입니다.

듣게 하고 싶은가

어떤 컨퍼런스가 있습니다.

훌륭한 강사진, 유용한 주제, 깊이 있는 사전 설명과 안내가 준비되어 있습니다.

물리적으로 굉장히 좋은 상품이 있으니 모객과 접객만 잘하면 히트 상품이 될 것이라 생각할 수 있습니다.

여기까지가 일반적인 흐름입니다.

하지만 중요한 사실이 있습니다.

이것은 정공법일 뿐, 시간과 투자금이 부족한 상황에서 기대 이상의 효과라는 승전보를 가져 오기에 적절치 않은 경우가 많다는 것입니다.

'물리적으로 좋은 상품'을 고부가가치로 만들어 주는 힘은 감동, 교감, 감성, 공감, 바로 이 '감'들에 있습니다.

그 '감'들은 타깃과 상품 사이의 결핍과 충족에 있고, 두려움과 대안에 있으며, 처지와 공감에 있고, 기대와 유혹에 있습니다.

그러나 우리는 아주 좋은 상품을 만들어 낼수록 그 상품의 퀄리티에 의존하고, 우리가 이루어 낸 그 가치와 우수함을 알리는 데 집중하는 경향이 더 강해집니다.

저는 강의할 때 세계 제일의 백과사전인 브리태니커를 판매하는 세일즈맨 이야기를 자주합니다.

강북의 고등학생 자녀를 둔 어떤 가정집에 대한 정보를 파악한 두 명의 선후배 세일즈맨이 백과사전 방판을 나갔습니다. 상황은 90년대 초반쯤으로 가정해 봅니다.

먼저 후배 신입 세일즈맨이 벨을 누릅니다.

땡동!

"누구세요?"

"네 안녕하세요. 사모님. 전 세계 최고의 백과사전 브리태니커를 소개해 드리러…."

뚝… 인터폰이 꺼집니다.

당황한 그는 행여나 해서 다시 누릅니다.

땡동!

"사모님. 전 세계 최고…."

"안 사요!"

뚝… 인터폰이 꺼집니다.

이번에는 선배 판매왕 세일즈맨.

땡동!

"누구세요!!?(앞선 후배 때문에 조금 예민)"

"네~! 어머니! 강남 학생들이 서울대 가는 비결을 소개해 드리러 왔습니다!"

"……(분명 뭔가 팔러온 건 알겠는데… 궁금…호기심)"

"철컥" 하고 문이 열립니다.

어머니는 그를 거실 소파로 안내하고 음료 한잔 하겠냐고 묻습니다.

　물론 제가 꾸며낸 이 상황에 많은 다른 의견과 논란이 있을 수 있겠지만, 제가 이 이야기를 통해 전달하고 싶은 내용은 판매의 기술 같은 것이 아닙니다.

　사실 위의 이야기에서 판매는 집 안에 들어간 다음부터 본격적으로 시작되는 것이고, 제가 설명하고자 한 것은 모객과 광고에 있어 기본적으로 고려할 사항들입니다.

　모객과 광고 단계의 핵심은 듣고 싶게끔, 보고 싶게끔 유도하는 데 있습니다.

　그러니 처지를 살펴야 하고, 결핍을 건드리고, 두려움을 어루만지고, 기대를 끌어내는 마법의 키워드를 제시하는 것에 집중해야 합니다.

　'듣게 하고 싶은가?'

　그렇다면 상대에게 먼저 듣고 싶은 사람으로 보여야 합니다. '내가 보여주고 싶은 것을 보여주지 말고, 고객이 보고 싶어 하는 것을 보여주는 것.'

　그것이 바로 고객 관점입니다.

#순수예술말고상업예술

세상의
모든 선택받는 조건

다음은 제가 경영이사로 일했던 여성의류 쇼핑몰 회사의 전 직원에게 전달한 글입니다. 참고로 이 글을 공유하며 내부 회의와 교육을 한 후 회사가 운영하던 쇼핑몰의 모든 숫자의 자릿수가 높아졌습니다. 한마디로 효과를 본 처방전이었습니다.

고객과 시장은 추측의 대상이 아니다
대상: 전 임직원
제목: 〈나는 가수다〉에서 배운다(우리 회사가 앞으로의 생존을 위해 해야 할 일들)

서론 : 우리가 직시해야 하는 사실들

현재 우리는 대세의 매력적인 쇼핑몰이 되기 위해, 다양한 콘셉트를 두 가지로 축소하고, 사이트 디자인을 과감하게 개편한 상태이다.

매출의 감소와 상관없이 전체적인 사이트의 분위기는 밝고 희망찬 상태이며 그 어느 때보다 잘 할 수 있다는 긍정의 에너지도 높은 상태.

그러나 정확한 현실은 약 2개월간의 변화를 주도한 시간 동안 회원 가입률이나 구매 전환율, 베스트 상품의 가짓수나 각각의 일일 판매량 등은 숫자적으로 전혀 변화가 없다는 것이다.

그 어느 때보다 의욕과 에너지가 충만한 지금, 우리가 직시해야 하는 사실은 모든 숫자에서 변화가 없거나 낮아지고 있다는 사실이며, 그것을 극복하기 위해서는 이제 좀 더 구체적인 선택, 즉 전략적 사고를 통한 실천 방안이 필요하다는 현실이다.

본론 : 〈나는 가수다〉에서 우리의 생존과 1등 전략을 배우다

〈나가수〉 시즌 1에서는 국민가수 김건모가 탈락했고 시즌 2에서는 모든 가수가 인정하는 최고의 보컬리스트 중 하나인 김연우가 탈락했으며 김연우와 마찬가지로 대학에서 교편을 잡을 정도로 실력을 검증 받은 BMK는 1차에서 꼴찌를 했고 시즌 1에서 좋은 성적을 거두고 시즌 2의 1차 경연에서 1위를 했던 박정현은 2

차 경연에서 꼴찌라는 충격적인 결과를 마주해야 했다.

우리는 여기서 무엇을 배울 수 있는가?

사실 〈나가수〉에 출연한 모든 가수는 대한민국 상위의 여성의류 쇼핑몰들과 마찬가지로 비교 우위를 평가하기 어려운 가수로서의 근본적인 역량, 즉 노래 실력에서 서로 타의 추종을 불허하는 실력자들이다.

이들의 혼을 담은 공연을 보노라면, 프로그램 출연진들의 말처럼 '누가 더 노래를 잘해서 남게 되고 누가 더 노래를 못해서 탈락된다'라고는 말할 수 없다는 것이 분명하다.

그렇다면 도대체 탈락자는 어떻게 나오게 되는 것인가?

2차 경연에서 참가자들은 김연우의 공연을 보며 "이제 〈나가수〉에 적응한 것 같다"라고 말했다. 실제로 김연우는 2차 경연에서는 4위라는 괜찮은 성적을 올렸다. 반대로 1차 경연에서 1위를 한 박정현은 준비 과정의 인터뷰 때부터 '이번에는 힘들 수 있다'라는 뉘앙스의 인터뷰를 계속 했다. 그리고 결국 그녀는 꼴찌를 했다. 그녀의 공연이 끝났을 때, 윤도현은 "이번에 힘들 것 같다"라고 혼잣말을 했다.

그렇다. 2차 경연에서 김연우는 '〈나가수〉에 적응하기 시작했다'라는 평가에 맞는 4위라는 결과, 박정현은 본인이 걱정했듯 〈나가수〉에 맞지 않을 수 있다는 편곡과 공연 선택에 걸맞는 꼴찌라는 정확한 결과를 마주한 것이다.

포인트는 교감이었다.

〈나는 가수다〉라는 프로그램에서 가수의 순위를 매기는 청중 평가단이 원하는 공연인가 아닌가? 즉 고객의 요구와 맞는가 그렇지 않은가가 바로 1위와 꼴찌를 가르는 보이지 않는 기준이 되는 것이다.

천하의 BMK와 김연우가 그 보이지 않는 기준, 즉 〈나가수〉에 통하는 공연이 어떤 것인지 모르는 상태에서 1차 경연에 나섰을 때, 공교롭게도 최하위의 6, 7등은 그 두 사람의 몫이었다. 이미 경연의 경험이 있던 다른 가수들은 〈나가수〉라는 최고의 실력파 가수만 나오는 프로그램에서 '고객의 선택'은 주로 어떤 기준을 가지는가에 대한 '경험적 데이터'가 확보되었기에 그 두 사람보다 경쟁 우위를 점할 수 있었던 것이고, 덕분에 그들은 시작부터 불리한 상태였다고 볼 수 있다.

그러나 스타라고 인정받고, 분야의 톱이라고 인정받는 사람들은 '고객의 요구'가 무엇인지 재빠르게 알아채는 능력이 있다. 그래서 2차 경연 때 BMK와 김연우는 좀 더 〈나가수〉다운 공연을 할 수 있었고, 나름 더 나은 성적을 얻을 수 있었던 것이다.

박정현도 마찬가지다. 그녀는 애초에 편곡 때부터 자신이 준비하고 있는 공연이 '고객의 요구', 즉 청중 평가단과의 교감에는 어려울 것임을 알고 있었다. 그리고 그 예상 그대로 꼴찌를 한 것이다.

결론 : 우리는 무엇을 생각해 보아야 하는가?

우리는 BMK이기도 하고 김연우이기도 하며 박정현이기도 하다.

우리는 캐주얼 시장에 본격적으로 진입하면서 사실 이곳의 청중 평가단은 어떤 공연을 원하는지 알고 있지 못하는 것일 수도 있다.

'소녀감성'이 김범수이고 '미아마스빈'이 이소라이며 '써니'가 윤빼이고 '스타일난다'가 임재범일 수도 있다. 그들은 〈나가수〉의 경연장이라고 부를 수 있는 이 캐주얼 여성 보세 의류 시장의 분위기, 즉 고객의 요구를 제대로 알고 있는데 우리는 여전히 지금 막 합류한 BMK나 김연우의 1차 경연처럼 적응을 못하고 있는 것은 아닐까?

그리고 이미 언급한 것처럼 우리는 박정현일 수도 있다. 우리는 여성의류 쇼핑몰에 꼭 필요한 최고의 실력과 끼, 공연 능력을 이미 갖추고 있으며, 사실 고객이 무엇을 원하는지도 이미 알고 있는 〈나가수〉의 경험이 있는, 톱클래스의 가수일 수도 있는 것이다.

하지만 지금 우리가 준비하거나 진행하고 있는 공연은 박정현이 이번에 보여 주었던 아일랜드 음악을 접목한 팝처럼 음악성은 뛰어나나 청중이 공감하고 호흡하기는 어려운 공연이 아닐까?

최고의 실력가들이 '꼴찌'라는 불명예를 안게 되는 곳이 〈나는 가수다〉라는 프로그램인 것처럼 우리가 경쟁하고 있는 여성의류 쇼핑몰 분야에는 이미 내로라하는 실력자들이 막강하게 포진되어 있다.

　이곳에서 탈락의 수모를 겪지 않으려면 지금 우리가 해야 할 일은 무엇일까? 청중은 자기가 공감할 수 있는 노래를 자기가 듣고 싶은 스타일로 공연해 주길 원한다. 우리의 고객도 이와 같다. 아니 세상의 모든 선택 받는 조건이 이와 같다.

　우리는 앞으로 계속 공연할 수 있는 생존력을 갖추기 위해, 이왕이면 계속 1등으로 경연을 진행하기 위해 무엇을 생각하고 무엇을 해야 할까?

　우리는 지금 몹시 신중하고 냉정한 판단을 해야 할 시점에 와 있다.

　저는 이 처방전이 지금도 유효하다고 확신합니다.

#청중이공감할수있는노래를청중스타일로공연한다는것

나는 누구와
함께 가고 있는가

　그 어떤 책도 이렇게 고객 개념을 정리해준 적은 없을 거라 생각합니다.

　저는 십여 년의 시간 동안 많은 사람들과 많은 기업, 많은 사업 모델을 만나왔습니다. 그중 단 한 가지의 경우도 다르지 않은 상황은 없었죠.

　제가 해온 일은 늘 그렇게 낯선 행성에 떨어져 살아남는 방법을 찾아내야 하는 서바이벌 게임과 같았습니다. 일년 중 한가한 시즌은 없었고, 하루 24시간 중 맘 편한 시간도 없었습니다. 그리고 늘 에너지는 가득 차 있어야 했죠. 에너지가 필요한 분들에게 마지막

남은 한 방울까지 전해 드려야 하는 게 본분이었으니까요. 어쩌면 그래서 살이 찌지 않는 것 같기도 합니다.

그렇게 살면서 깨달은 것들이 제 글 속에 녹아 있습니다. 저는 그동안 SNS를 통해 저에게 깨달음을 준 세상에 대한 작은 보답을 하고 싶어 제가 느낀 깨달음을 공개했습니다. 그래서 제 글을 읽는 누군가의 삶이, 사업이, 회사가 더 나아지고 좋아졌으면 좋겠습니다. 그냥 다들 웃고 살면 좋겠습니다.

제가 언제나 가장 많이 생각한 건 '고객'이라는 두 글자였습니다. 이 글을 통해 나는 누구와 함께 가야 하는지 다시 한번 생각해 보시길 바랍니다.

고객 개념 정리

정체에서 벗어나고 의미 있는 성장을 하는 방법은 세상에 없던 혁신보다 세상이 듣지 않고 있는 고객의 작은 요구에 응답하려 할 때 더 잘 보입니다.

사업이 내 맘대로 잘 안 된다면 내 맘대로 하려 해서입니다.

고객의 구매를 원한다면 고객 맘대로 할 수 있게 하는 것이 당연한 이치!

'고객'이라는 두 글자를 쪼개어 볼 때 정말 많은 새로운 가능성이 발견됩니다.

여러분은 다음 중 누구와 함께 가고 있습니까?

첫째, 소비자. 재화로 사업자의 상품이나 서비스를 구입하는 모든 사람을 가리킵니다. 고객, 잠재고객, 모두 이 범주에 포함된다고 할 수 있습니다.

둘째, 고객. 소비자 중 나의 상품이나 서비스를 구입하고 사용하는 사람을 가리킵니다. 나와 거래를 한 이들이라고 생각하시면 됩니다.

셋째, 단골. 고객 중 내가 속한 시장의 카테고리에서 나와 우선순위로 자주 거래하는 이들을 가리킵니다. 이들과 사업자 사이에서 가장 중요한 키워드는 '관계'입니다. 그래서 단순히 고객 관리라 하지 않고 CRM(Customer Relationship Management)이라고 하고, 고객관계 관리 마케팅을 중요하게 여기는 것입니다.

넷째, 팬. 단골 관계를 뛰어넘어 나의 사업을 브랜드로 인식하고 팔로우십을 갖는 이들을 말합니다. 이 단계가 되면 마치 자이언티나 지드래곤의 다음 스타일과 음반을 기다리는 것과 같은 관계가 형성되며, 이 팬을 확보하고 유지하고 늘려나가는 단계야말로 진정한 브랜드 정체성이 확립된 것이라 할 수 있습니다.

언제나 그렇듯, 위의 내용은 어디까지나 제 지난 실행 경험을 바탕으로 한 제식대로의 개념 정리입니다.

일을 할 때 근본적인 영역에 대한 개념 정리는 매우 중요합니다. 그러한 정리가 명확하게 되어 있을 때 우리는 방향성을 잃지 않고 흔들리지 않는 기획과 계획을 수립해 목표를 달성할 수 있게 됩니다. 여러분들은 위에 정리한 개념에서 어떤 분들과 함께 가고 계신가요?

#팬이있으십니까?

늘 고객에게서 나온다

쇼핑몰 컨설팅을 하며 고객에게 적절히 반응할 수 있는 상품 구성 체질을 만들기 위해 구매 흐름에 따라 고객을 세 가지 유형으로 분류해 보았습니다.

고객의 세 가지 유형
첫째, 선행자.
말 그대로 제일 먼저 움직이는 고객층입니다. 이분들의 특징은 쇼핑을 할 때 '신상품인가? 이전에 없던 새로운 제품인가? 최신의 유행을 반영한 것인가? 지금 사면 내가 남보다 먼저 구매하는 것인가?' 등을 구매 확정 기준으로 삼습니다. 그와 동시에 상황과 계절 등 시간적 흐름을 남보다 먼저 당겨(?) 오시는 분들입니다. 얼리어답터나 늦여름에 벌써 가을 재킷을 서치하고 계신 분들이 이 그룹에 속한다고 할 수 있습니다. 이분들 맘에 드는 쇼핑몰이 되는 것은 매우 중요합니다. 바로 이분들이 이후에 나타날 구매자를 대신해 우리 쇼핑몰과 신상품을 선 경험하고 그 과정을 통해 몰에 활력을 넣고, 후기를 남겨 구매에 대한 갈등을 해소해 주고, 혹시 모를 판매 활동이나 상품 품질 등에 대한 문제점들을 미리 파악하게 해주기 때문입니다.

평균적으로는 소수에 속하는 그룹이지만, 객단가가 높은 특징이 있습니다.

이러한 분들을 위해 쇼핑몰에서는 언제나 소속된 시장의 유행이나 뉴스를 서치하고 트렌디한 상품들을 꾸준하게 정기적으로 업데이트하는 시스템을 갖추어야 합니다.

둘째, 중간자.

자신의 상품에 대한 구매 욕구를 행동으로 옮기기 전에 타인의 경험치를 먼저 살피는 가장 일반적인 고객층입니다. 자기 맘에 드는 상품이고 가격도 문제없고 쇼핑몰의 신뢰도가 괜찮아 보여도 이들에게 마지막까지 중요한 건 '그래서 누가 샀어? 사용해 보니 어떻다고 해?'라는 식의 검증할 구매 후기들입니다. 후기나 리뷰에 대한 의존도가 크고 그런 사용자 경험이 남겨져 있지 않으면

질의응답 게시판을 통해 꼼꼼히 질문을 하죠. 사실 대중적인 심리와 밀접합니다. 내 구매가 올바른 행동인지에 대한 두려움을 선경험이나 판매자와의 대화를 통해 확신으로 바꾸고 싶어 하는 거죠. 이미 사고 싶은 마음은 있는데, 누가 좀 촉매 역할을 해주면 좋겠다는 겁니다.

이러한 고객층을 위해 쇼핑몰이 갖추어야 할 것은 '편샵'과 같은 곳처럼 MD가 사용 경험을 상세 페이지로 녹이는 방식의 상품 소개 작성 원칙, 선행자 그룹에 대한 적극적 후기 작성 유도 그리고 그러한 부분들이 어렵다면 MD가 직접 후기 게시판에 직원의 실사용 후기를 공개적으로 쓰는 것도 좋은 방법입니다. 때에 따라서는 상세 페이지에 고객 후기를 요약해서 첨부하는 것도 구매율을 높이는 데 큰 도움이 됩니다.

셋째, 후행자.

한마디로 요약해서 "그래서 이 가격이 싼 거야? 최저가야? 내가 지금 득템하는 거 맞지?"를 말하는 이들입니다. 남보다 조금 늦게 구매하더라도 자신이 생각하는 실속 있는 쇼핑의 기준이 가격에 있는 이들로 세일, 이벤트 등에 우선 반응합니다. 어딘가에 숨어 있다가 시즌 오픈이나 정기 세일을 공지하면 물밀듯이 밀려옵니다. 이러한 고객층을 위해 쇼핑몰에서는 정기적인 텀을 두고 창고 방출이나 균일가전, 시즌 세일 등을 기획해야 합니다. 단 계획성 있게 절제하며 하지 않으면 세일 자주 하는 쇼핑몰로 인식되는 위험이 있을 수 있으니 주의해야 합니다.

　이렇게 세 가지 유형으로 단편적인 고객 구분을 해보았습니다만, 사실 우리 각자에게는 저 세 가지 유형의 소비자가 다 들어있죠. 어떤 상품이냐, 지금 내 경제 상황이 어떠냐, 지금 당장 필요하냐 등등 여러 가지 상황에 따라 우리는 선행자가 되기도, 중간자가 되기도, 후행자가 되기도 합니다. 다만 그러한 고객의 구매 심리의 면면을 바탕으로 그냥 당연하게 해왔던 주기적인 업데이트, 고객 경험(후기) 관리, 정기적 프로모션 등에 대한 이유를 생각하고 고민하면 좀 더 풍부하게 준비된 쇼핑몰 운영을 할 수 있기 때문에 이러한 분류를 해본 것입니다.

　상품 이야기 때도 마찬가지지만, 늘 고객에게서 모든 이유와 과정과 결과가 나옵니다.

　우리가 고객이라 부르는 이들은 결국 나 자신과 같은 일반적인 사람이고, 사람에 대해 이해하려는 노력에 결국 고객과 상품과 기업의 삼위일체를 만들어 가는 본질이 있다고 생각합니다.

#고객도나와같은사람이라는점에서출발

우리의 전문적인 정보를 고객의 언어로
번역해서 설명하는 것이 중요하다는 말을 자주 한다.
그때마다 돌아오는 질문은 '고객의 언어는 무엇인가?'이다.
고객이 내 서비스나 상품을 다른 예비 고객에게
설명할 수 있도록 번역(?)하는 것이 바로 고객의 언어이다.
제공자의 입장이 아닌 사용자의 입장,
서로 처지가 같은 사용자들끼리
그 필요성과 장점을 공유할 수 있도록 돕는 것.
아래 글을 백번 읽어 보자.
뭔가 뻥! 하고 머리가 뚫릴 것이다.
"고객은 그저 자기 입장에서
체감 결과가 중요할 뿐이다."

성장 이유 vs '폭망' 이유

'어떻게 하면 잘 되는 쇼핑몰로 만들 수 있느냐?'라는 질문을 많이 받습니다. 그 질문을 하는 사람들은 이렇게 묻습니다. 의류 분야를 예로 들어 보죠.

1. 역시 판매 가격이죠?
2. 매력적인 모델 영향이 크죠?
3. 코디 센스가 중요하죠?
4. 패션이니 비주얼이 뛰어나야 하죠?
5. 품질에서 만족을 줘야 되는 게 맞죠?

6. 사이트 디자인이 트렌디해야 하죠?

7. 상세 설명이 재미있고 차별성 있어야 하죠?

그런 질문 받으면 저는 이렇게 대답합니다.

1. 판매 가격 중요한데, 가격 결정권 확보가 더 중요합니다.

2. 모델 중요한데, 내 고객과의 일치성이 우선입니다.

3. 코디 센스 중요한데, 타깃 시장에 맞춰 타협할 줄 알아야 합니다.

4. 비주얼 중요한데, 순수 예술과 상업 예술을 구분할 줄 알아야 합니다.

5. 품질 중요한데, 고객 기대 일치점은 찾아야 합니다.

6. 사이트 디자인 중요한데, 상품 구성이 더 중요합니다.

7. 상세 설명 중요한데, 보여 주고 싶은 것 말고 고객이 보고 싶어 하는 것이 중요합니다.

고객 응대와 고객 반응의 즉시 적용이 가장 중요합니다.

의류 쇼핑몰 분야에서 일 매출 오백만 원을 십 개월 만에 일 매출 일억 원으로도 만들어 봤고, 연 매출 오억 원을 이 년 만에 연 매출 삼백억 원으로도 만들어 봤고, 월 매출 구억 원을 일 년 반 만에 월 매출 사십억 원으로도 만들어 봤습니다. 그렇게 성장한 곳 중 어떤 곳은 불과 일이년 만에 폭망하는 과정도 지켜본 적 있습니다.

성장 이유도 '폭망' 이유도 같습니다.

그것이 무엇일까요? 다음 페이지에 그 답이 나와 있습니다.

바로 고객만족

바로 고객입니다. 고.객.만.족.

이 네 글자의 의미를 깊고 넓게 살피지 못하고, 제 멋에 취해 자신감이 교만이 되어 확장성이 고집으로 변질되며 고객의 옆에서 시중들며 함께 걸어가는 고객 리드의 법칙을 거꾸로 자신이 고객을 주도하는 것이라고 착각할 때 폭망은 시작됩니다.

연인이 서로를 잘 안다고 착각할 때 이별의 징조가 시작되는 것과 같은 이치입니다.

술에 만취한 사람에게는 어떤 말도 들리지 않습니다. 그 순간은 세상에서 제일 똑똑하고 강하고 무서울 게 없으니까요.

그러나 그렇게 만취해 안하무인이 되어 버린 사람 곁에는 누구도 다가오지 않습니다. 아주 가까웠던 친구도 나중에는 그 곁을 떠나게 되겠죠.

고객과 멀어지는 이치를 깨달으면 고객과 가까워지는 이치도 알 수 있습니다.

사업은 돈 벌려고 합니다. 돈은 누구에게 있습니까?

기획? 마케팅? 상품? 광고? 기가 막힌 유통 채널?

아니 돈은 고객의 주머니 속, 그의 지갑 속에 있습니다. 그가 꺼내서 내게 주어야만 돈을 벌 수 있습니다. 돈은 혼자 걸어 다니지 않습니다.

취하지 말 것. 함부로 고객을 판단하지 말 것. 고객과의 관계를 교만하게 리드하려 하지 말 것.
 '그 어떤 성과에도 취하지 마라. 그래 봤자 아직 사람일 뿐이다'가 그래서 제 좌우명 중 하나입니다.

#고객과가까워지는이치와멀어지는이치는한끗차이

CHAPTER 6

접객

열심히 하지 말고 다르게 하라

온라인으로만 사업해도 개업식을 하라

"지인이나 가족에게 팔지 마라. 그런 인맥에 기대서는 성공할 수 없다. 나는 맨땅에 헤딩하듯 영업해서 여기까지 일궜다."

많은 판매왕, 영업왕들이 하는 말입니다.

충분히 할 수 있는 말이고 멋지기도 하지만 전 생각이 좀 다릅니다. 저는 지인이나 가족에게 적극적으로 판매하라고 말합니다.

무조건 내 고객

사실 그게 더 어렵습니다. 지인이나 가족들은 나를 격려하는 마음이겠지만, 내 입장에서는 반대로 부담 주는 것 같고 눈치 보이고 자존심 상할 수 있습니다. 거래 후 관계도 더욱 조심스럽게 되죠. 그렇기에 지인, 가족 영업에는 프로가 되기 위한 모든 덕목이 다 필요한 것이죠.

이들은 초반, 가장 확실한 영업 데이터입니다. 가깝고 찾아가기 쉽고 고객 분석도 가능하니 이런 알짜배기 고객 군이 없습니다. 무조건 내 고객이 되어야 합니다.

또 바이럴 부탁이 용이합니다. 덤을 주던 할인을 하던 지인에게는 제일 좋은 조건으로 판매해야 합니다. 어설프게 하면 '아는 사이가 더 무섭다'라는 소리나 듣게 됩니다. 파격 대우해 주고 후기나 소문내기에 도움을 줄 파트너로 확실하게 관리하는 게 더욱 좋습니다. 기회 될 때마다 말합니다.

"온라인으로만 사업을 하더라도 개업식을 하라."고 말이죠.

그때 최대한 많은 지인과 가족에게 연락하여 개업식에 참여하게 해서 내 상품과 서비스의 첫 번째 고객으로 만들어 보세요. 즉 그분들에게 가장 좋은 판매자가 되는 겁니다.

"지인과 가족에게 기대려 말고, 그들이 기대고 싶은 판매자가 되는 것을 목표로 하라!"

그 첫 번째 대상을 지인이나 가족으로 삼아 보세요. 내게서 살 수 있는 것을 다른 곳에 가서 사도록 놔둔다면 나는 이미 시장 경쟁에서 패배하는 것이니까요.

지인 영업. 어떤 상품이나 서비스에 대해 나의 고객으로 제대로 모시고, 충성 고객과 같은 관계 관리를 해 나간다면 그 무엇보다 든든한 사업 기반이 될 것입니다.

천 명을 모객하기 위해 자꾸 한 번에 천 명을 모객하는 방법에만 매달리니까 일을 계속해도 발전적인 누적 데이터를 확보하지 못하는 것입니다. 성과 위주로만 바라보니 성장의 이치를 깨닫지 못하고 지치기 쉽다는 뜻이죠.

특히 사업 규모가 아직 작을 때나 신사업을 시작할 때는 백 명씩 모으는 열 가지, 열 명씩 모으는 백 가지 시도가 훨씬 합리적이고 효과적인 모객 방법입니다.

그렇게 조금씩 고객을 늘려 가며 이탈을 방지하고 재 구매를 늘려 가면서 시장에 필수적인 존재로 성장해 나가는 것입니다.

제가 코칭을 할 때 이 부분에서 가장 많은 이견 차이가 발생합니다. 그러나 시도를 하다 또 말기를 반복하다 보면 하염없이 시간은 흘러가고, 결국 지치게 되며 스스로 포기할 확률 또한 높아집니다.

될 때까지 시도하십시오.

작게 많이 시도하십시오.

제발 매일, 매시간 시도를 멈추지 마십시오.

#작게많이될때까지시도하라

상식적이고 단순한 대답이다.

접객 게임은 크게 두 가지로 나뉜다.

가격이나 양, 혜택으로 승부하는 양적 게임과

서비스의 질, 고객과의 소통 및 적극적인 피드백, 격의 상승을 통한 질적 게임.

장사를 잘해 성공한 거상들과 오래되어도

한결같이 사랑 받는 브랜드의 공통점은

밀도 높은 질적 게임을 잘 한다는 것이다.

단골에게 물어 보라.

'왜 우리인가?' 묻고 답을 들었으면,

그 점을 더 발전시켜라.

그리고 내 머릿속에 기억되는

고객의 숫자를 매일 조금씩 늘려가라.

2천 명까지는 가능하다.

내가 아는 접객의 범위와 반복 횟수를 늘리는 방법은

이게 다다.

해물찜 매운 맛에 단계가 있는 이유

의류 쇼핑몰 경영 이사를 하던 시절에 쓴 글입니다.

해물찜 맛 단계에서 배우는 상품 구성과 고객 관리 비법

언젠가 〈VJ특공대〉라는 프로그램에서 '매운맛 열전'이라는 내용을 보게 되었습니다.

식당 문을 여는 시간부터 손님들이 줄지어 찾는 맛집 중의 맛집으로 소문난 해물찜 전문점이 나왔습니다.

헌데, 그곳 메뉴판이 참 재미있습니다.

1. 만만한 해물찜

2. 살짝 매운 해물찜

3. 열불 나는 해물찜

4. 신(辛)의 경지 해물찜

딱 이렇게 4가지 메뉴만 있는데, 결국 모두 해물찜이고 매운 강도에 따라 단계를 만든 것이었습니다.

그곳에 온 손님들은 대부분 2번 이상의 메뉴를 선택하는 매운 맛 마니아들이었지만, 1번을 찾는 손님들도 꽤 있었습니다. 그러나 애초에 매운 맛을 강조하는 식당이었기 때문에 1번 해물찜도 보통 식당보다는 좀 더 맵다고 했습니다.

제가 눈여겨 본 것은 그 식당의 위치였습니다. 해당 식당은 일종의 해물찜 골목에 위치하고 있었습니다. 즉 해물찜이라는 공통 주제로 보면 경쟁자가 몰려 있는 곳이죠. 헌데 그곳에서 최고의 해물찜 식당이라 불리며 가장 높은 매출을 일으키는 데 성공했다는 것입니다.

직업병이 있는지라 곧바로 여성의류 쇼핑몰 업계가 생각나더군요. 적용시킬 수 있는 아이디어도 막 떠올랐습니다.

"아… 저 식당이나 우리나 처한 상황은 똑같은데 저곳은 참 슬기롭게 상품 구성을 하고 고객 관리를 하는구나."

요즘 같은 대한민국 쇼핑몰 시장의 레드오션 경쟁 구도에서 저 식당 같은 정책은 참 주목해 볼만하다고 생각합니다.

장황하게 설명하지 않고 간단하게 정리해 보겠습니다.

첫째, 철학과 개성이 뚜렷한 업체이다.

해물찜이라는 분야에서 매운 맛을 가장 중요하게 여깁니다. '매운 맛 해물찜'이라는 캐치프레이즈를 통해 일종의 브랜드 효과를 가지고 있게 되었습니다.

둘째, 고객의 접근성을 다양하게 만들어 놓았다.

이미 여러분은 상품 구성에 대한 'BUS 이론'을 아실 겁니다. 위에서 소개하는 식당은 분야는 약간 좁게 설정했으나, 매운 해물찜이라는 카테고리에서 베이식한 상품부터 스페셜한 상품까지 단계적으로 다양한 상품을 구성해 놓았습니다.

그렇게 함으로써 일반적인 고객부터 가장 특수한 고객까지 포용할 수 있는 준비를 잘 갖추어 놓은 것이죠. 기회 요소가 넓어지고 방문 횟수가 늘어날 수 있는 준비입니다. 또한 이를 통해 서로 다른 것을 추구하는 고객이 함께 어울릴 수 있는 식당이 되었습니다.

셋째, 고객에게 도전할 목표를 제시하며, 그 도전을 수행할 수 있는 학습 과정이 있다.

의류 쇼핑몰에서도 이러한 부분을 의미 있게 경험하곤 합니다. 쉬운 상품, 쉬운 코디와 조금 어려운 상품, 어려운 코디가 함께 제시되었을 때, 한쪽만 추구할 때보다 더 많은 매출이 발생하게 되는데, 이때 어려운 코디의 상품들이 결코 뒤처지지 않는 현상입니다.

이러한 이유는 고객이 해당 쇼핑몰에서 쉬운 상품으로 처음 쇼핑을 경험하게 되지만, 그곳을 자주 찾고 그 분위기에 익숙해지다 보면 점점 수준 높은 상품이나 코디에도 망설임이 없어지게 되는 까닭이죠.

이것은 고객이 다양한 가격대의 쇼핑몰에서 점점 이전보다 가격이 높은 상품을 구매하는 데 망설임이 없어지게 되는 것을 보는 것과 같은 효과라고 할 수 있습니다.

가끔 직원 교육 시간에 떡볶이 골목 얘기를 합니다. 예전에는 이 골목에 떡볶이집이 별로 없어서 고객이 우리에게 오는 것이 당연하고 쉬웠는데, 지금은 떡볶이 골목 입구에서 우리 떡볶이집까지의 사이에 너무 많은 떡볶이집이 생겨나 가격 경쟁도 치열합니다. 다양한 퓨전 메뉴까지 준비하고 있는 대형 떡볶이몰부터 아주 개성이 강한 마니아성 떡볶이집까지 유혹의 손길이 너무 많아 우리 단골 고객조차도 우리에게 오기 전에 그곳 중 한곳에 들어가게 되거나 우리를 잊게 되는 경우가 많이 생기고 있다는 말입니다.

결국 너무나 원하지만 가장 이루기 어려운 '브랜드 효과'의 획득에 답이 있습니다. 브랜드로 인식이 되면 광고 효율부터 고객의 기억을 관리하는 부분에 이르기까지 우리에게 유리한 점들이 매우 많이 생겨나게 됩니다. 하지만 우리는 몇몇 경우를 제외하고는 대부분 도매 시장에서 상품을 공급받기 때문에 제조업체처럼 상품을 통한 고유성을 확보하기 어려운 관계로 브랜드를 만들어 내는 데 있어 많은 어려움을 겪고 있습니다.

그러나 위에서 예로 들은 식당 또한 국산 해물을 사용하고 다른 식당에서도 쉽게 구할 수 있는 여러 종류의 고추를 통해 고춧가루를 만들어 쓰고 있었습니다. 다만 그 최종의 맛에 대한 특색을 만들고 그것을 브랜드처럼 인식시킨 것이죠.

자신들은 타이어를 팔지도 않으면서 타이어를 환불하러 온 할머니에게 반품을 받아준 노드스트롬 백화점이 상식을 뛰어 넘는 친절로 브랜드 효과를 만들어 낸 것처럼 말입니다.

이제 이러한 브랜드 효과의 개발은 매우 중요하게 되었습니다. 멋진 로고나 택을 만드는 시도는 지나치게 상식적인 접근입니다.

인터넷 쇼핑몰 자체가 이전의 상식을 탈피하여 나온 사업 군이기 때문에 우리가 세상으로부터 브랜드로 인식되기 위한 방법 또한 일반적이어선 안 된다고 생각합니다.

우리는 어떤 부분에서 저 식당과 같이 해물찜 골목의 수많은 식당 중 고객에게 강한 인상을 줄 수 있는 효과를 개발할 수 있을까요?

상품의 구성. 고객 응대 및 관계 관리의 방법. 판매 방식의 새로운 철학 정립 등등. 아직 우리가 새로운 시각으로 도전하고 연구해야 할 분야는 많습니다.

여러분은 어떻게 생각하십니까?

#일반적이어선답이없다

학창 시절 시험 기간에 선생님들께 가장 많이 듣던 말 중 하나가
"질문 속에 답이 있는 경우가 많다.
그러니 질문을 신중하게 읽고 출제자의 생각을 알려해 봐라"다.
자기의 생각을 말하고 싶어
상대의 생각을 읽지 않는 경우가 너무나 많다.
그래서 고객 응대에서도 고객을 위한다면서도
고객에게 묻지 않고 자신의 예측을 반영하는 경우가 많다.
'이렇게 하면 고객이 좋아할 거야'라는 식으로.
출제자의 마음은 내가 쓰고 싶은 답이 아니라
출제자가 쓴 질문에 담겨 있다.

판매자가 아닌
구매자로서 먼저 경험한 것

판촉 행위를 위의 제목과 같은 식으로 생각해 보면 어떨까요? 다음 글은 2010년쯤 쓴 글입니다.

쇼핑몰 상세 설명에서 배우는 판촉

쇼핑몰을 운영하시는 분이라면 상세 설명에 대한 고민을 한번쯤은 해보셨을 겁니다.

상세 설명에 어떤 항목을 넣어야 할지, 어떤 방식으로 설명하는 것이 잘하는 것인지, 문체는 어떻게 하는 것이 좋은지 등등.

다들 나름의 노하우들도 있으실 테고, 저 또한 이 부분에 대해 늘 연구하고 고민합니다.

여러분께 오늘은 어쩌면 신선한 충격이 될 수 있는 상세의 예를 하나 보여 드리려 합니다.

F 쇼핑몰에서 판매되고 있는 반지의 상세 설명 중간을 보고 크게 놀랐습니다.

사진 자체는 다른 주얼리 사이트에 있는 것과 크게 다를 바가 없습니다만, 제가 주목하는 것은 그 옆에 있는 설명 문구입니다. 설명 문구 맨 마지막에 이 글이 있습니다.

'참 마음에 듭니다.'

보통의 쇼핑몰은 대개 이렇게 설명합니다.

'누구와도 다른 독특한 디자인입니다'라든가 '누구와도 다른 독특한 소재와 디자인이 여러분을 만족시켜 드릴 겁니다'라는 식으로요.

하지만 F 쇼핑몰은 비단 이 상품뿐만 아니라 다른 상품들에서도 위와 같은 말투를 사용합니다.

'많은 분들이 이런 해골 디자인을 좋아하십니다. 물론 저도 마찬가지고요.'라는 식입니다.

이곳의 상품 상세를 읽다 보면, 판매자의 설명글이 아니라 이미 나와 같은 구매자로서 먼저 경험하고 있는 사람의 느낌과 소감을 듣는 듯한 기분을 느끼게 됩니다.

모델이나 판매자 입장에서 나라는 표현을 쓰고 일인칭 시점으로 설명하는 것과는 조금 다른 느낌입니다. 구매자와 같은 눈높이에서 함께 상황을 공유하는 어떤 동료 의식 같은 것을 느끼게 하죠.

아주 조용히 고객에게 동질감을 불러 일으켜 비싼 제품을 구매토록 유도하는 고도의 기술입니다.

제가 이성을 잃고 이곳에서 한 번에 몇 십만 원씩 구매하게 되는 마법과 같은 기술입니다.

지금보다 훨씬 어릴 때 쓴 글들을 다시 읽어 보면 '참 일을 순수하게 했구나'라는 생각이 듭니다.

비록 지금보다 덜 여물었고 경험도 적었고 인사이트도 부족했지만, 가장 순수하게 고객에게 몰입하고 일어나는 주변의 모든 일이 다 스승이 되어 저에게 깨달음을 주던 시절이었습니다.

다듬어지지 않고 서툴렀지만 뭘 좀 또 깨우쳤다고 신나 하는 그 일에 미친 '서른일곱의 기쁨'이 들어 있습니다.

참고로, 저때 일 매출은 팔천만 원에서 일억 원 정도였습니다. 다시 윗줄부터 읽어 보실 만하겠죠?

#참마음에듭니다

그가 구매를 시작할 때 기대하는 가능성을 헤아려라.
그가 구매의 과정에서 겪어야 할 두려움을 동반하라.
그가 구매를 끝냈을 때 전파해 줄 이야기를 들려줘라.
우리에게서 구매해야 하는 이유를
이 자세에서 찾을 수 있고, 우리를 브랜드로 만들어줄
동기 또한 이 자세에 있다.
고객을 위한 행동을 상상하기 전에
고객과 같은 위치에서 바라보고 경험하고 공감하라.
가능하다.
당신도 누군가에게는 고객이기에
그 모든 답은 이미 당신 안에 존재하니까.
"당신이 기대하는 자세로 그들을 마주하는 자세를 갖춰라."

오프라인이 전부는 아니듯 온라인이 필수는 아닐 수 있고 모바일이 유일한 것도 아닙니다.

사업하는 이에게 그 모두는 각각의 도구입니다. 고객을 만날 수 있고 상품을 팔 수 있는 모든 곳을 알아야 하고 찾아가야 하고 방법을 찾아야 합니다.

마케팅도 그렇습니다. 오프라인, 온라인을 구분해서는 안 됩니다. 그저 시장과 상품과 고객의 움직임과 서로의 필요충분조건을 보아야 합니다.

다음 세 가지가 다입니다.

고객을 찾아라.

두드리고 들어가라.

한 명에게 하나씩 팔아라.

통계도 그 결과를 얻은 다음에 하는 것입니다. 사업하는 사람의 핵심 목표는 시장을 찾거나 만들고 거래를 늘리는 것입니다. 성과가 있어야 분석도 가능하죠.

아직 오지 않은 천 명이 아니라 지금 눈앞의 한 사람

식당을 잘 운영한다는 것은 그 핵심인 맛과 청결을 기본으로 삼고 고객 응대의 태도와 서비스를 양념으로 삼아 고객을 단골로, 단골이 친구와 같은 팬의 관계로 발전하는 것을 목표로 삼아야 하는 것입니다.

광고를 잘하는 게 식당의 본업이 아닙니다. 식당의 광고는 몰라서 안 오는 사람들에게 '제가 여기 있습니다'를 알리는 정도로 끝내야 합니다.

찾아 주신 분들의 혀와 기분에 온 정신을 다 집중해야 하는 게 식당을 운영하는 사람의 유일한 덕목입니다.

마케팅이라는 단어가 흔하다 보니 마케팅의 의미가 흐려졌습니다. 내 식당을 꾸준히 북적이게 만드는 것이 식당이 알아야 할 마케팅의 전부이고, 그것은 하루살이 같은 광고가 아니라 상품과 접객과 관계 관리를 통해서만 제대로 가능합니다. 광고가 본업이 되는 사장님들이 늘어가는 현실이 안쓰럽습니다.

아직 오지 않은 천 명이 아니라 지금 눈앞에 앉아있는 한 사람에게 집중하십시오. 그가 천 명이 될 것입니다.

'내 구역에서 사랑받는 존재가 되는 것에 집중할 것'.

다시 한번 강조합니다.

인간의 선택은 감정에 좌우됩니다. 그러나 인간은 효율을 따지고 이익을 얻으려고 하는 존재입니다. 그렇게 교육받습니다.

그래서 인간은 스스로 논리적으로 선택한다고 믿습니다. 그러니 그 논리라는 악기로 감정을 연주해야 합니다. 그들은 논리라 믿으며 감정에 좌우될 것이기 때문입니다.

이것이 바로 마케팅 구매 전환 전략의 핵심입니다.

#지금내눈앞한명의고객에게집중

버리고 개선하고
만드는 체질

 성수기나 불경기, 이런 시기적 중요함도 물론 무시할 수 없겠지만 시장 자체가 사라지지 않았다면 가장 중요한 것은 시장 점유율이라고 할 수 있습니다.
 시장 점유율을 최대치로 유지하거나 확대하기 위한 방법은 아래와 같이 단순합니다.
 늘 그렇듯 원론적인 내용이기 때문입니다.

세 가지 질문

 시장점유율을 따지기 전 먼저 다음 세 가지 질문에 답을 해 봐야 합니다.

첫째, 현재 시장에서 나의 사업은 상품과 서비스의 기본 충족 요건을 잘 갖추고 있는가?

해당 시장에서 당연히 갖추어야 하는 상품들을 남들만큼의 수량으로, 남들만큼의 가격대 정도는 유지하면서 남들만큼의 서비스 수준으로 제공하고 있는가에 대한 충분조건을 확보해야 합니다.

둘째, 첫 번째가 선행되었다는 전제하에 나는 고객에게 나 아니면 제공할 수 없는 특별하거나 희소성 있거나 단독의 상품을 제공하는가, 또는 나만의 파격가를 제시하는가, 또는 남과 다른 서비스를 제공하는가?

차별화와 특장점에 대한 부분으로 일반 상품 구성 이외에 조금 더 밀도 높은 상품이나 가격 및 지원 서비스를 제공해야 한다는 것입니다. 이것을 통해 고객 입장에서 내 사업체를 특화시켜 인식할 수 있고 정체성을 갖출 수 있으며 그것이 비수기에도 어느 정도의 균일한 매출을 보장할 수 있는 진성 고객을 확보하도록 해주기 때문입니다.

셋째, 주력 카테고리와 연관된 확장 카테고리에 대한 도전을 지속적으로 진행하고 있는가? 고객의 유입 경로 변화에 대해 다차원적인 제안을 시도하고 있는가?

미래에 대한 대비 부분에 대한 것입니다. 각 사업체가 생겨난 이유는 그 사업체의 특장점이 있기 때문입니다. 그러한 특장점을 기반으로 시대의 변화에 맞게 새로운 도전과 새롭게 고객을 만나는 수단에 대해 개발하는 것은 생존력을 유지하기 위한 필수 과제라고 할 수 있습니다.

결국 우리는 늘 시장 흐름에 대응하면서 버리고, 개선하고, 만드는 체질을 유지해야 한다는 얘기입니다.

#본질은단순하고원론적이다

사내 구성원들 간의 갈등에 머리가 아프다.

직원들이 사장인 내 맘을 몰라주는 것 같아 서운하다.

내가 무슨 영화를 보겠다고 지금 이러고 있나…같은 대사가

자주 나온다는 건

당신이 지금 먹고 살 정도는 되었다는 소리다.

창업 초기를 생각하라.

그런 것이 문제가 아니라 어떻게 하면 내일도,

다음 달도, 내년도 고객에게 버림받지 않고 살아남을 수 있을까가

매일 밤을 뜬눈으로 만든 유일한 이유였다.

조직 관리는 그 이유를 회사 전체가 공감하게 만드는 가운데

자연스럽게 형성되는 문화가 기반이 되어야 옳다.

오히려 지금의 상황은 감사할 일 투성이다.

그들이 바뀐 게 아니라 나의 업을 대하는 태도가

바뀐 게 아닌지 살펴야 한다.

모든 이유는 사장인 나에게서 나온다.

'조금 더'에 대한
욕구를 채워 주는 것

'감동 스토리'는 마케팅뿐만이 아니라 경영 이념이 되어야 합니다.

여러분에게 고객은 어떤 목적의 대상입니까?

누군가들에게 고객은 감동시켜 주고픈 대상입니다. 그리고 그 누군가들이 경쟁 평준화 시대의 보이지 않는 승자가 되고 있습니다. 이렇게 되면 돈을 버는 것이 아니라, 돈이 벌리기 때문입니다.

저 역시도 그 방법을 깨달아 가고 실천해 가는 중입니다.

사람은 언제 감동할까요?

사람은 큰 이벤트에는 감탄합니다. 감동은 오히려 작은 경험에서 생겨납니다.

나도 미처 깨닫고 있지 못했던 낡은 시계 줄을 선물하는 여자친구, 내가 그냥 마음으로 나도 저런 것 하나 있으면 괜찮겠는데…라고 생각만 하고 있던 지갑을 선물하는 남자 친구, 평소처럼 무료하게 일하고 있는 직장에 꽃다발을 보내 내 어깨를 으쓱하게 하는 사람.

가장 완전한 감동은 상상하기 어려운 큰 이벤트보다는 평소의 '조금 더'에 대한 욕구와 아쉬움을 채워 주는 그리고 '자신의 상황과 심정'을 이해해 주는 누군가를 만났을 때 생겨납니다.

여러분은 고객에게 그런 감동을 주기 위해 애쓰고 계신가요?

더 사랑해야 하는 특별함

감동 생산 체질이 되어 보세요. 우리는 사업가이니 고객이 원하는 '감동을 생산할 수 있는 체질'이 되어 보려 합시다.

진정 무엇을 좋아하는지 관찰해 봐야 합니다. 지금 무엇을 원하는지 물어 봐야 합니다. 그들의 물음과 답변을 들어 봐야 합니다. 상대방과 같은 처지의 경험을 해 봐야 합니다.

그리고 그 속에서 느껴진, 알게 된 모든 아쉬움과 부족함을 기억하고 채워 줘야 합니다.

아마도 여러분은 그 채움의 과정 속에서 많은 사연들을 경험하게 될 것입니다.

다들 아시겠지만 결국 그것이 마케팅에서 말하는 스토리텔링이 아닐까요? 감동 생산 체질 만들기야말로 이야기가 생겨나는 스토리마케팅 체질이 되는 가장 뛰어난 방법이기도 합니다.

그렇다면 당신은 특별한가요? 나는 나의 경쟁자들과 비교해 특별한가요?

언제나 마케팅과 경쟁력을 이야기할 때 나오는 특별함에 대한 요구. 중요한 만큼 많이 듣고 그 필요성도 잘 알겠는데, 왜 늘 어려운 걸까요? 그것은 우리가 특별해지기 위해 너무 큰 방법을 찾거나 너무 뻔한 방법을 실천하기 때문입니다.

우리가 연예 기획사라고 가정해 보았을 때 이효리와 똑같은 실력을 갖춘 신인을 내보낸다고 해서 그 친구가 이효리와 같은 인기를 얻지는 못할 것임을 잘 압니다. 말 그대로 똑같은 것이 하나 더 있을 뿐 더 사랑해야 하는 특별함이 없으니까요.

특별함은 고객이 나를 더 사랑할 수밖에 없는 기특하고 예쁜 짓을 찾아내고 실천하는 것에서 생겨납니다.

그것이 바로 '우리답다, 우리만의 특징'이라고 불리는 것이고, 그 '온리(only)'의 성질이 고객으로 하여금 우리를 입소문 내게 하는 소재가 됩니다.

특별함은 특이함과 다릅니다.

특별함은 같은 일을 다르게 함으로써도 생겨 날 수 있는 융통성 있는 성질입니다.

그리고 그 특별함이 바로 고객을 감동시키는 의지와 함께 한다면 우리는 상당히 오랜 기간 성공을 누릴 수 있게 될 것입니다.

왜 누구는 되고 누구는 안 될까?

누구는 되고 누구는 안 되는 이유를 아셔야 해요.

성장이 미비하고 목표 달성이 잘 되지 않는다면 인정해야 합니다. 나의 선택, 나의 방법, 나의 관점에 대한 수정이 필요하다는 사실을.

어려울수록 오히려 상품과 매출과 판매 기법과 광고에 더욱 더 몰두하는 분들이 있습니다.

그 마지막 종착역은 폐업이나 업종 변경이 됩니다. 그건 마치 국어 공부를 하지 않은 채 베스트셀러 작가가 되려 하는 것과 마찬가지이기 때문이죠.

우리 스스로에게 좀 더 엄격하고 솔직한 자문을 해 봐야 합니다. 그래야 되는 곳은 왜 되고 안 되는 곳은 왜 안 되는지의 진짜 이유가 보이기 시작합니다.

고객을 감동시키고 싶으신가요?

이것이 바로 고객을 향한 그 마음이 똑같은 출발선에서 서로 다른 결승점에 도착하게 하는 1%의 비결입니다.

#국어공부를하지않은채베스트셀러작가가되려하는가

1단계. 너 아니어도 돼.

2단계. 너였으면 좋겠다.

3단계. 너여야 해.

4단계. 너 아니면 안 돼.

우리는 오늘 어제보다 하나 더,

어제보다 한 명 더 구매하도록 노력!

실패하지 않는 법

믿는 사람에게는 비법이 될 수 있지만, 믿지 않는 사람에게는 귀찮은 일이 될 수 있는 비법을 소개하려 합니다.

사람마다 환경의 차이, 타이밍의 차이가 있겠지만, 지금부터 소개하려 하는 비법으로, 지금까지 굶지 않는 벤처, 그리고 생존력 강한 기업을 만들어 왔습니다. 저 아래 바닥에서 아무것도 없이 시작할 때부터 적용하여 나름 성공을 했던 방법들입니다.

저는 늘 방법에 집중하기보다는 관점에 집중해야 한다고 말합니다. 이번에도 혹시 이 비법에 관심이 있다면, 부디 자신에게 적용하면서 이러한 방법이 생겨나는 관점을 고민해 보길 바랍니다.

사업을 시작한 후, 망하지 않고 확실한 기반을 쌓을 수 있는 비법을 소개합니다.

첫째, 솔직함이 무엇인지 다시 정의를 내린다.

우리는 정의롭게, 솔직하게, 떳떳하게 사업을 하려고 합니다. 제품과 가격, 그리고 서비스에서 고객에게 양심적인 모습을 갖추려고 하지요. 하지만 본인은 솔직함에도 어떤 것이 정말 솔직한 것인지에 대해 모르기 때문에, 고객에게 외면 받는 경우가 있습니다. 솔직함이라는 것이 일인칭 시점에서 절대적이지 않기 때문입니다. 솔직함은 이인칭 시점에서만 절대적입니다. 즉 고객이 솔직하다고 인정하지 않으면, 내 양심을 걸고 솔직한 사실이라 할지라도 사실 솔직한 것이 아닙니다.

우리는 혼자 진리를 추구하는 것이 아니라, 고객과 주고받는 거래라는 것을 하기 때문입니다. 그리고 우리가 갑이 아니라 고객이 갑이기 때문입니다.

상품의 소개는 무조건 고객이 납득할 수 있는 것이어야 합니다. 정확성과 상세함, 그리고 고객 입장에서 발견할 수 있는 변수까지 예측하여 소개할 수 있어야 합니다. 그래야 고객에게 나중에 속았다는 소리를 듣지 않을 수 있습니다.

고객의 가장 무서운 점은 불만을 말하지 않고 그냥 사라지는 경우가 많다는 것입니다. 고객에게서 어떤 말을 듣지 않는다고 내가 잘하고 있는 것이 아닙니다. 그러니 고객이 말하지 않고 가는 불만까지도 생각해야 합니다.

가격도 마찬가지입니다. 이 가격이 어떤 이유로 합당한지 이야기했을 때, 고객이 다른 곳에서 혹 더 싼 제품을 보아도 이해할만한 가격이 되어야 올바르고 솔직한 가격입니다.

사후 서비스는 오히려 쉽습니다. 반품, 교환, 환불, 배송에 관한 법규가 존재합니다. 그 법규를 정확하게 준수하는 자세가 창업 초기부터 필요합니다.

다시 한번 강조하지만 사업에 있어 솔직함의 정의는 '고객이 납득할 수 있는 사실'입니다.

둘째, 내가 미쳐 있어야 한다.

내가 잘 아는 분야, 내가 즐거운 분야를 뛰어넘어 내가 미쳐 있는 분야여야 합니다. 이렇게 말하면 내가 그 상품에 미쳐 있어야 한다고만 생각하는 경우가 있는데, 좀 다릅니다. 미침의 대상이 상품을 뛰어넘어 그 상품과 관련될 수 있는 모든 '사람'에게 미쳐야 한다는 것입니다.

상품에 미치면 도취되기 쉽습니다. 마치 우표 수집가가 우표 자체에만 취해서, 자기가 원하는 우표를 가진 사람, 그리고 그 우표를 함께 좋아할 수 있는 사람에 대해서 깊은 집중을 하지 않아 진정한 우표 수집의 참맛을 못 느끼게 되는 경우와 같습니다.

사업을 하는 우리도 사람이며 우리가 사업과 관련되었다고 말하는 시장 역시 사람입니다. 내가 제품을 파는 것이 아니라, 사람의 삶에 기쁨을 줄 수 있는 존재라는 기본 자세를 잃지 말아야 합니다. 그런 기본 자세라면 언제나 나의 이익보다 상대의 이익을 먼저 생각할 수 있게 됩니다.

이것은 정말 강력한 무기입니다. 제품도 돈도 있다가 없을 수 있지만, 사람은 죽기 전까지 반드시 존재하기 때문입니다. 좋은 물건을 혼자만 사용할 수 있는 방법은 각 개인에게 있을 수 있지만, 좋은 브랜드를 혼자만 알 수 있는 방법은 없습니다. 좋은 브랜드를 알게 된 사람에게는 은은한 꽃향기가 나서, 다른 사람들도 그 향기를 맡고 그 꽃을 기어코 찾아내기 때문입니다.

내 사업체가 아닌, 동종의 다른 사업체를 이용하는 고객조차도 내가 관심을 주고 애정을 주어야 하는 사람입니다. 어떤 부분에서 나보다 더 나은 사업자가 있을 때, 그리고 그 어떤 부분을 필요로 하는 나의 고객이 있을 때, 기꺼이 자연스럽게 그 고객에게 해당 사업자를 소개해 줄 수 있을 정도의 애정이 필요합니다.

셋째, 모든 투자에 자기 확신이 있어야 한다.

시험 삼아 어떤 광고에 돈을 좀 써본다는 생각은 사업자의 기본적이고 절대적인 경쟁력이라 할 수 있는 생존력 확보에 있어 치명적인 실수가 됩니다.

모든 투자는 반드시 자기 확신 속에서 결정되어야 합니다. 나의 체력, 시간, 돈은 한번 쓰면 똑같은 형태로 절대 돌아오지 않습니다. 반드시 다른 형태로 되돌아옵니다. 더 낮아진 상태, 또는 더 높아진 상태로.

하지만 미래 시간에 대한 투자이기 때문에 이것이 어떤 상태로 되돌아올지 우리는 알 수 없습니다. 그래서 모든 투자에 대한 자기 확신을 확보하기 위해, 우리는 늘 시나리오를 써야 합니다.

작가가 시나리오를 쓸 때, 창작력에만 의존할까요?

아닙니다. 글을 쓰는 시간보다 오히려 자료 수집을 하는 시간이 더 많습니다. 빠르게 좋은 글을 쓰려면, 좋은 글이 될 수 있도록 관련 자료 수집과 정리, 그리고 적용 판단력이 때로 필력보다 더 중요합니다.

모든 투자에 대한 엄격한 자료를 수집해야 합니다. 그러기 위해 늘 질 높은 정보 수집 창구를 가까이 해야 합니다.

그 다음 투자했을 때의 시나리오를 써보십시오. 최악의 시나리오와 최선의 시나리오를 보유해 양쪽이 가져올 수 있는 상황에 대한 대비책까지 제목으로 쓸 수 있을 정도가 되어야 합니다.

이러한 시나리오 쓰기는 처음 사업을 시작하는 사람들에게 특히 중요하고 필수적인 요소입니다. 자칫 느리게 가는 것으로 보일 수도 있으나, 앞날의 그림을 그려보며 가는 사람과 감각에 의존해 가는 사람의 마지막 큰 차이가 있습니다.

넷째, 스토리텔러가 될 수 없다면 사업하지 마라.

모든 순간에 이야기가 생겨날 수 있는 사람으로 자신을 바꾸어야 합니다.

세상은 물질적인 경쟁의 한계에 도달했습니다. 이제 브랜드도 기술도 평준화되었습니다. 사람들은 좀 더 자신을 자극하고 자신의 마음에 공명을 줄 수 있는 이야기에 따라 구매 또는 연관 맺기를 허용합니다. 그렇기 때문에 우리는 상품의 선택, 소개, 판매, 사후 서비스, 고객 관리에 이르기까지 자신이 분명하게 주인공으로 드러나는 하나의 이야기 콘셉트를 가지고, 소소한 에피소드를 끊임없이 만들어 낼 수 있어야 합니다.

이야기가 가지고 있는 가장 무서운 힘은 전파력입니다. 재미있는 이야기는 순식간에 전 세계로 퍼져나가는 세상입니다. 유튜브를 생각하면 쉽게 이해가 될 것입니다. 전 세계에 퍼질만한 이야기를 만들면 가장 좋겠지만, 그냥 한 서너 사람에게만 전파될 정도의 이야기도 쌓이면 놀라운 힘을 발휘합니다. 이야기가 있는 사업가냐 아니냐에 따라 고객에 대한 영향력과 광고비 투자 대비 효과, 그리고 시장 점유율 확보에서 전혀 다른 승부를 맛볼 수 있게 됩니다. 이 네 가지가 사업을 시작하는 분들에게 당부하고 싶은 비법입니다.

세상의 비법은 누구에게 보이는가

어떤 사람들은 이런 이야기를 듣고 말합니다. "구체적이지 않다. 구체적인 방법은 하나도 말하지 않는다."

감히 말합니다. 나무 보는 데 익숙해져서 이제 숲에는 관심조차 없는 사람들이 아닐까요? 아니라고 하면서도 끝끝내 세상이 본인이 원하는 물고기를 잡아주기만을 바라는 사람들 말입니다. 이들은 때로 물고기를 갖지 못하면 호수를 탓하고, 날씨를 탓하고, 자기 옆에 있는 낚시 스승을 탓하곤 합니다.

세상은 끌려가는 사람과 끌고 가는 사람으로 나뉩니다. 당연히 후자가 적습니다. 그리고 우리는 그들을 리더라고 부릅니다.

사업을 하는 사람들은 세상의 다수 쪽이 아닌 소수 쪽에 해당됩니다. 그러니 당연히 세상을 이끌 수 있는 정신 자세, 마음가짐을 우선 갖추어야 합니다. 다른 사람들과는 다르게 세상을 향한 눈을 가지는 데서 시작해야 합니다. 많은 사람들이 성공을 이야기 하면서 정작 자신은 변화를 두려워하고 새로운 시도를 두려워하며 변명에 급급한 상태에서 결국 남과 똑같은 생각, 판단, 행동을 합니다. 그러면서 "역시 성공은 어려워."라고 말합니다.

사업을 시작한다면, 바꿔야 합니다. 자신을 리더의 자격을 갖춘 존재로 바꾸십시오. 세상을 따라가는 존재가 아니라, 나의 눈으로 세상을 바라보고 세상에 판단력을 제공할 수 있으며, 세상이 뒤집혀도 생존을 모색할 수 있는 강한 자기 확신의 힘을 길러야 합니다.

서두에 비법이라고 했습니다. 세상의 비법은 듣는 이에게만 보이기 마련입니다.

#스토리텔러가될수없다면사업하지마라

'잘한다'에 취하지 말자

 무릇 짧은 순간에 얻어진 것은 그 수명도 짧은 법입니다. 이 글을 읽는 당신이 지금 당장의 성과를 최우선으로 보고 가지 않길 바랍니다. 마케팅, 컨설팅은 리더를 받쳐 주고, 독려하며 때로는 그들을 리딩도 하는 것입니다.
 그러니 다시 초심으로 돌아가 공부로 단련하고, 주변 관계를 단단히 하고, 세상이 납득할만한 합리를 갖추고, 두려움을 돌파하는 진취성과 대범한 용기로 무장하길 바랍니다.
 지금 당신이 만족스럽다면 상상해 보십시오. 이대로 일 년 뒤도 똑같다면 그때도 만족스러울지.

잘하는 건 잘하는 게 아닙니다. '잘한다'에 취하지 말아야 합니다. 진정 잘하는 것은 '압도적인 일을 하고, 압도적인 존재가 되는 것'. 그것이 진정 잘하는 것입니다.

이런 사람은 되지 마시길

어떤 사람이 설득력 없고 불안하며 즉흥적인 판단의 오류를 범할까요.

첫째, 통찰력이 부족한 사람.

통찰력은 비범함 이전에 시장과 사회 전반에 대한 다양한 공부와 집중력 있는 사고 과정에서 만들어집니다. 그러니 늘 꾸준히 공부하는 습관을 잃지 않아야 합니다. 세상 모두가 스승이니 사람을 존중하고, 작은 소리에도 귀를 열어 두어야 합니다.

둘째, 본능적으로 감이 좋은 사람.

이런 사람 중 '왜'가 중요하다고 말하면서도 진정 '왜'를 찾거나, 그 '물음표'를 중시하는 시스템 구축에 시간과 노력을 쏟는 경우는 매우 적습니다. 본능으로 아는 자는 모르는 자를 가르치고 설득하는 실천 과정을 귀찮아하기 때문입니다.

이런 사람이 스스로를 책임질 순 있으나 일정 규모 이상의 투자나 조직은 책임질 수 없습니다. 힘들어도 차근차근 논리와 합리를 통해 일의 시작과 과정, 그리고 끝을 함께 갈 수 있어야 합니다. 좋은 감, 느낌을 중시하지 마십시오. 언제나 타당한 논리가 가장 훌

룽한 리딩입니다.

    셋째, 두려움이 많은 사람.

    모든 두려움은 얻기 위한 과정이 아니라, 지키는 과정이나 잃기 싫은 마음에서 나옵니다. 성장은 필연인데, 성장을 포기하게 만드는 것이 바로 이런 두려움입니다. 꾸준함과 비슷함, 안정감은 내리막의 징조이고, 위기의 빨간 불입니다. 늘 새로운 판을 기획해야 합니다. 선도가 되어야 하고, 교과서가 되어야 합니다.

#잘하는건잘하는게아닙니다

중소기업이건 대기업이건,
지금 뭔가 의욕은 있는데 맘대로 뜻대로
사업이 성과가 성장이 안 되는 이들은 잘 들으시길!
만일 지금 상태가 그렇다면 당신은 일본 여행 훌륭하게 끝내고,
그 여행 경험으로 터키 여행도 가능하다고 믿고 있는 거다.
성공에는 방정식이란 게 없는데,
지금을 이뤄 낸 과거의 경험을 공식으로 만들어
미래의 미지 영역에서도 성공할 수 있다고 믿는 것.
게다가 지금 곁에 있는 일본 여행을 함께 했던 측근들도
거기에 동조하고 있는 것.
세상 만만하게 보지 마라.
일본 여행 마스터 중의 마스터가 되도 터키는 새로운 영역이다.
자기가 일본 여행 성공했다고 터키 여행도 성공한다고 믿고 있거나,
터키 여행자에게 훈수 두는 사람들 많이 본다.
망하려면, 혼자 망하라.
그리고 직접하는 이들은 제발 초심으로 돌아가라.
일본 여행 처음 할 때의 그 초심.
인생 한 번 살면서 너무 빨리 왕 노릇에 취하는 거 아닌가?
터키 갈 생각이면,
일본 여행부터 버려라!

박종윤식
생각

달의 뒷면과
마케팅

 자전, 공전 주기의 이유로 지구에서는 우리가 앞면이라고 부르는 달의 반 쪽만 볼 수 있습니다. 직접 달에 가보거나, 달 뒤편으로 인공위성이나 우주선을 보내지 않으면 달의 뒷면을 본다는 것은 불가능하죠.

 그래서 예전부터, 심지어는 지금도 달의 뒷면에 대한 많은 음모론이 넘쳐납니다. NASA는 오랫동안 국민을 속여 왔다, 달의 뒷면에서는 지금 미국과 중국이 우주전쟁 중이다, 이미 도시가 건설된 상태다 등등.

 이렇게 '확실하게 알지 못함'은 언제나 완전함을 지향하는 데 큰 방해 요소가 됩니다.

달의 경우와 비교해 볼 때, 지금 우리의 마케팅 방식은 어떤지 한번 생각해 봅니다.

저도 예전에 한참동안 달의 앞면만 보는 마케팅을 했습니다. 늘 답답함과 부족함을 느끼는 것은 둘째치고, '이 다음에는 무엇을 해야 하는가'라는 마케팅에 있어 가장 중요한 질문에 대한 해답을 찾기가 점점 어려워지더군요.

그러다 어느 날부터 달의 뒷면에 대해 인식하고 생각하기 시작했습니다. 예를 들면 이런 식이죠.

달의 앞면을 보는 방식 vs 달의 뒷면을 보는 방식

"매출이 왜 안 오르지? 왜 안 팔리는 거야?" vs "이 상품은 왜 팔리지? 잘 팔리는 이유가 뭐야?"

"요즘 왜 이렇게 그만두는 직원이 많지?" vs "남아있는 저 직원들이 안 그만두고 다니는 이유는 뭘까?"

저는 달의 뒷면을 보는 방식의 사고를 통해 많은 것을 얻을 수 있었습니다. 상품 및 서비스의 마케팅을 진행하면서 곤란한 상황에 직면했을 때, 위기를 넘길 답을 얻어가며 거기서 효과적인 정책을 수립하고 적용하여 성공을 맛보기도 했습니다.

우리는 어떤 현상을 마주할 때 나에게 우선적인 한 방향의 의문이나 결론을 이끌어 내는 데 익숙합니다. '나 위주'이고 '내 것',

'내 이익' 위주일 수밖에 없기 때문에 그렇습니다.

앞면, 뒷면을 다 봐야 달을 제대로 안다고 할 수 있는 것처럼 문제나 현상의 앞뒤를 다 봐야 완성도 높은 마케팅이 가능한데, 그것을 추구하기가 근본적으로 어렵게 되는 것입니다.

그 어려움을 없애기 위해 습관적으로 반대의 질문을 해보시면 어떨까요?

'내 상품이 왜 안 팔리지?'라는 의문문의 주어를 고객으로 만들면 '고객은 왜 안 사지?'라는 달의 뒷면을 만날 수 있고, '저 상품은 왜 잘 팔리지?'라는 달의 뒷면도 만날 수 있습니다.

이런 사고 전환을 통해 우리는 실패할 확률이 적은 상품을 알게 되고, 고객의 숨겨진 선호도도 파악할 수 있습니다.

저는 마케팅이 완벽함을 만들어 내는 것이라고 생각하지 않습니다. 50%의 승부 확률을 51%의 승리 확률로 만들어 내기 위한 과정이 마케팅이라고 생각합니다. 그러니 달의 앞면만 보는 것보다는 달의 뒷면도 함께 보는 것이 그 승리를 위해 필요한 1%를 만드는 데 반드시 큰 도움이 되리라 생각합니다.

#달의앞면만보고있는것은아닌가

본질

본질이 왜 중요한지 모르고 방법과 상황에만 취하면 결국 성장을 해도 이후의 정체나 몰락을 감당 못하게 됩니다.

본질은 무엇이고 왜 중요할까요? 본질이 무엇이고 왜 중요한가에 대한 질문을 받을 때마다 알렉산더 대왕의 이야기를 합니다.

알렉산더 대왕과 고르디우스의 매듭

고대 프리기아의 고르디우스 왕은 전차를 신전에 봉인한 후 복잡한 매듭으로 묶고, 이후 그 매듭을 푼 사람이 아시아를 정복할 것이라는 예언을 남겼습니다.

많은 사람들이 도전했으나 모두 실패했습니다. 먼 훗날 알렉산더 대왕이 그 예언을 듣고 도전을 하게 됩니다. 우리가 익히 들어 알고 있듯 그는 이 매듭을 풀지 않고 단칼에 잘라 버렸습니다.

그리고 "뭐시 중헌디?"라는 한 마디를 남기고 떠난 후 아시아를 정복했습니다.

안다고 생각하는 것을 진정 아는지 살펴야 합니다. 현상의 변화무쌍함에 말려들면 그 매듭을 푸느라 정신이 없어 본질이 무엇인지를 잊게 됩니다.

주어진 코스 안에서 톱(Top)을 지향하는 제도권의 엘리트 코스에서는 그 규정된 프레임에서 매듭을 풀어야 한다고만 배웠기 때문입니다. 본질에 대한 고찰이 부족하게 된 것이죠. 역으로 그래서 더 본질에 집중하는 습관을 키워야 합니다.

기본과 본질이 가장 어렵고 그 도달하기 힘든 법이지만, 반면 현장의 전투를 많이 치러 낸 역전의 용사이기도 합니다. 현상과 본질은 구분해야 하는 것이 아니라 연결해야 하는 것입니다.

#뭐시중헌디?

어느 날 경쟁자들이 두렵게 느껴진다면

이유는 그들이 더 잘하기 때문이 아니라

당신이 스스로도 더 이상 새롭지 않기 때문이다.

그러니 남 탓하지 마라.

두려움은 당신이 만든 결과물이다.

| Epiologue |

시간이 걸려도 멈추지 않는다면

낯선 이에게 다가가고 말을 거는 것은 쉽지 않은 일입니다. 그러나 사실 우리가 세상 속에서 새로운 기회를 만나기 위해서는 그 과정을 통해 관계를 형성하는 것이 반드시 필요합니다.

이것은 기존에 이미 맺어진 관계 속에서도 적용됩니다. 이미 알던 사람을 새로운 관점으로 바라보고, 그에게 새로운 시도로 다가갈 때 우리는 또 다른 변화를 맞이할 수 있습니다.

제가 만나온 많은 사람들이 가진 정체와 한계의 이유는 대부분 하던 대로 하는 데 있었습니다.

혁신과 발전은 새것을 찾거나 만드는 것인데, 익숙함이 주는 안도감에 더 이상 가슴 뛰고 긴장되는 모험을 하지 않게 되며 낡아지게 되는 것이죠.

사람과 사람, 기업과 고객 사이의 관계는 생명체처럼 살아 숨 쉬는 것입니다. 그 관계의 성질을 일찍 단정하지 않고 계속 새로운 재미와 기쁨을 만들려고 노력할 때 우리는 한계를 돌파하고 더 높게 멀리 나아갈 수 있습니다.

실패에 대해 저는 이런 말을 자주 합니다.

"우리가 가는 길에 고난이라는 벽이 나타났을 때 그 앞에서 마침표를 찍으면 실패이지만 시간이 걸려도 멈추지 않고 그것을 극복하면, 그것은 성공이 된다."

새로운 시도는 언제나 실패에 대한 두려움을 동반합니다. 하지만 시도하지 않고 낡아 부스러지기보다는 시도할 수 있는 모든 순간에 새로움을 추구해야 합니다.

여러분께 이 책이 가끔 막막한 순간이 왔을 때 새로운 시도의 자극제가 되었으면 좋겠습니다. 프롤로그 마지막에 남긴 성경 구절 다음 구절로 그 바람을 전하며 글을 마칩니다.

좁은 문으로 들어가라.
멸망으로 인도하는 문은
크고 그 길이 넓어 그리로 들어가는 자가 많고,
생명으로 인도하는 문은
좁고 길이 협착하여 찾는 자가 적음이라.
-마태복음 7장 13~14절

| 아직 못다 한 이야기, 당신에게 띄우는 편지 |

40대가 후회하는 20대

2017년 9월 중순에 글을 하나 썼습니다.

이 글은 그 뒤로 페이스북의 제 개인 계정에서만 2만 명 가까운 사람이 공감하고, 4만 명 가까운 사람이 공유하는 글이 되었죠.

그 사이에, 저에게는 십대에서 이십대 중반까지 팔로워가 늘어났고, 이 글은 트위터, 블로그, 카페, 밴드, 카카오스토리 등에 출처가 공개되거나 '불펌'인 상태로 공유됩니다. 가끔은 편집을 하시는 분도 계셨죠.

누군가에게 필요한데, 그 상품 자체가 이전의 상품과 달리 유니크 하면 사람들은 열광하며 공유하고 전파합니다. 상품의 힘은 그런 것입니다. 상품의 기획도 그것을 봐야 합니다.

1. 외국어 공부에 투자할 시간과 돈으로 해외를 다녀라. 언어가 아닌 문화를 습득하라. 주요 단어 10,000개가 아니라 현지인 친구 100명을 사귀어라. 나중에 30대 이후에 한풀이 하듯 해외여행 다니는 일은 없을 것이다.

2. 책을 많이, 그리고 깊게 읽어라. 제대로 읽으면, 제대로 들을 줄 알게 되고 제대로 구분할 줄 알게 되고 제대로 된 단어로 제대로 쓸 줄 알

게 되고, 나아가 제대로 말할 줄 알게 된다. 그리고 세상에 나가면, 제대로 읽고 생각하고 쓰고 말하는 것이 가장 중요하다는 것을 알게 될 것이다.

3. 무리의 흐름에 생각 없이 따라가지 마라. 누가 왜 그것을 주도하는지 모를 스펙 쌓기를 위해 두 번 다시 오지 않을 '네가 너에게 가장 많이 집중할 수 있는 그 시간'을 낭비하지 마라.

4. 롤 모델과 멘토에 집착하지 마라. 20대는 인생의 모양을 결정짓는 때가 아니라 '세상을 보는 너의 눈'을 만들어 가는 과정이 되어야 한다.

5. 좋아하는 운동이나 취미에 중독되어 할 수 있는 데까지 해 봐라. 그 과정과 성취 속에서 남보다 빨리 많은 것을 깨닫게 될 것이고, 그 경험은 훗날 너의 남 다른 스펙이 될 것이다.

6. 아르바이트를 시간당 금액의 크기로 결정하지 마라. 돈이 부족해 할 수 없이 하는 일이라 해도 네가 그것을 할 때 목표로 해야 할 것은 하나다. '가장 잘하는 사람이 되는 것.' 일찍부터 노력해 보면 훗날 남이 따라올 수 없는 훌륭한 체질을 갖게 될 것이다.

7. 혼자 보내는 시간을 소중히 여겨라. 인간은 그때 가장 깊은 사색을 한다.

8. 만약 대학을 다니고 있다면, 네가 다니는 그곳을 취업 준비 학교로 만들지 마라. 어린애 같고, 정신 빠진 친구들로 보여도, 꼰대 같은 교수로 보여도, 돈만 밝히는 학교로 보여도 그곳은 가장 고등한 공식적인 학습의 장이다. 그곳에서 일어나는 모든 일들을 적극적으로 경험하라. 너의 전공과목을 존중하고 배우도록 하라. 훗날 뒤돌아 보면 알게 된다. 인생에 다시 오기 힘든, 지적 성장에만 집중할 수 있는 시간

이 거기에 있었음을.

9. 만약 대학을 안 다니고 일찍부터 사회에 나왔다면, 버는 만큼 써라. 문화생활과 배움과 여행으로 그 번 돈의 상당수를 쓰려고 노력하라. 멋과 맛에 쓰는 것은 가장 마지막의 마지막이어야 한다.

10. 늘 외모와 분위기를 관리하라. 가장 오래 남는 것은 지성이고, 가장 강렬하게 남는 것은 외모다. 성형을 말하는 것이 아니다.

11. 남에게 들려주기 쑥스러운 꿈을 가져라. 아마도 그것이 꿈다운 꿈일 것이다.

12. 인사를 잘하라. 고맙다는 말을 많이 하라. 그냥 무조건 그렇게 하라. 이유가 뭐냐고 물을 거면, 그냥 이 글을 읽지 마라.

13. 부모 탓을 하지 마라. 너에게 남보다 부족하게 제공해 준 그분들 덕분에 너는 남보다 더 크게 될 확률이 높아진 것이다. 성공은 순조로움이 아니라 다사다난의 극복에서 탄생한다.

14. 남이 너를 비난해도, 너는 너를 격려하라. 살아보니 세상에서 가장 못난 것이 자책과 자격지심이다.

15. 아프니까 청춘이다, 는 참 쓰기 좋은 말이긴 하지만 아플 때 마음껏 아파도 되는 것이 20대다. 더 나이 먹으면, 아플 때 아프다고 하는 것도 문제가 되고 잘못이 되기도 한다. 그러니 마음껏 아파하고 힘들어하고 괴로워 하라. 그 시간들이 나중에 너의 감기가 폐렴이 되는 것을 막아 줄 것이다.

16. 그리고 지금 세상 두렵고 힘들고 괴롭고, 어른도 아니고 아이도 아닌 그 나이에 너희를 돌보기는커녕 갈수록 더 불안하게 만드는 현 시대의 꼰대들이 참 원망스럽겠지만, 얘들아! 우린 너네가 늘 부럽다. 너

네는 젊잖아. 그건 돈이 아무리 많아도 힘이 아무리 세도 가질 수 없는 거다. 그러니까 너네가 위너다. 꼰대들을 불쌍히 여겨, 너무 막 욕하지는 마라. 지나가다 꼰대 아저씨 보면, 주먹 힘껏 쥐고 한마디 해주어라. "파이팅!"이라고.

| 아직 못다 한 이야기. 당신에게 띄우는 편지 |

40대가 조언하는 30대

부끄러움을 무릅쓰고 하는 말입니다. 그리고 30대에게 하는 당부는 재미가 없습니다. 조언이라는 것은 지극히 개인적인 의견이지, 왕도가 될 수 없죠. 각자 소신껏 사는 것이 가장 옳습니다. 제가 들려드리는 이야기는 들을만한 부분만 수용하시면 좋겠습니다.

1. 어떤 회사를 다닌다고 말하지 말고, 어떤 일을 하는 사람이라고 말할 수 있어야 한다. 그것이 당신의 이름표이다.
2. 버는 돈의 금액으로 커리어를 쌓으려 말고, 존재감에 집중하라. 일하는 분야에 없어서는 안 되는 사람을 목표로 해야 한다.
3. 자기 주관과 가치관을 정립하라. 휩쓸려 판단하고, 맹목적으로 따라가면, 훗날 원하는 일을 할 수 없다.
4. 사회와 경제 상황, 정치를 모든 결과의 이유로 탓하는 습관을 갖지 마라. 부조리를 비판하고 저항할 수는 있으나, 그것을 자기 어려움의 핑계로 삼지 마라.
5. 남의 말을 나쁘게 하지 말고, 나보다 낮은 위치나 어려운 상황에 놓인 주변인을 함부로 대하지 마라. 인생은 길다. 그들에게도 한결 같은 사람이 되어라.

6. 상사와 회사와 고객과 협력사를 원망하지 마라. 지금이 그들에게서 가장 많이 배울 수 있는 나이다.
7. 또래처럼 나이 먹어가는 것을 당연하게 여기지 마라. 먹고 취하고 관리 안 하고, 그래서 둔해지고 비대해지는 자신에게 관대해지지 마라. 절제하고 운동하고 계발하라.
8. 자신만의 좌우명들을 정리해 가라.
9. 어떤 상황에서도 밥벌이는 할 수 있게 되었는가 자문하고 그것을 목표로 하라. 30대에 그것을 이루면 40대부터 업을 만들어 갈 수 있다.
10. 예산을 정하고, 제한된 돈으로 살아라. 나이의 받침에 'ㄴ'이 들어가는 순간부터 시간은 무섭게 빨리 흘러간다. 재테크의 첫 번째는 예산 수립과 저축이다.
11. 원룸이어도 좋으니 자기 부동산 소유를 목표로 하라.
12. 자존심을 일에 쓰지 마라. 자존심은 꿈에 쓰는 것이다.
13. 자기계발 서적이나 전문 서적을 읽는 것도 좋으나, 선배들의 자서전이나 사례집을 더 많이 봐라. 이론보다 실제가 더 많은 깨달음을 줄 것이다. 실제를 많이 보고 듣고 느끼고, 그 다음에 이론을 공부해 보라. 성취가 더 빠를 것이다.
14. 돈이나 명예, 권력보다 사람의 마음을 사로잡는 것에 더 많이 집중하라. 사람이 그 모든 것을 가지고 있다.
15. 일주일에 하루는 취미를 위한 일정을 만들어라. 스포츠 동호회를 가장 추천한다.
16. 세상을 너무 빨리 판단하지 마라. 어른이 되었다고 착각하기 쉬운 나이대지만, 40대가 되어도 모르는 게 세상이다. 자만에 의한 오류는 거기서 나온다.

17. 선배는 성취의 목표가 아니다. 성취의 목표는 일에 있다. 사내 정치에 빠지지 마라. 그곳이 너의 평생직장이 될 확률은 거의 없다.
18. 회사에 일과를 하러 가지 마라. 일하러 가라.
19. 회사에 기대지 마라. 너의 인생을 너에게 맡겨라.
20. 사원은 회사의 구성원이다. 주임은 주된 임무가 있는 사람이다. 대리는 회사를 대신해 고객을 상대할 수 있는 수준이다. 과장은 하나의 분야를 책임지는 자이고, 부장부터는 사업을 만들고 이끌어 내야 하는 사람이다. 임원부터는 패배가 용납되지 않는 사람이다. 직장 생활을 하면서도 뭐가 뭔지 알고 성장 목표를 잡아라.
21. 빨리 하려면 초에 하고, 늦게 하려면 말에 해라. 중반이 가장 어중간하다. 남녀 구분 없이 결혼을 말하는 것이다.
22. 책임지는 것을 두려워 마라. 그럴 수 없다면, 성공에 대해 맹목적인 추종을 하지 마라. 성공은 가장 많은 책임을 동반한다.
23. 동년배의 성공에 기죽지 마라. 성공은 퍼포먼스가 아니라 지속성이다. 언제 이루는지가 아니라, 어떤 모양으로 이루는지가 더 중요하다.
24. 불안한가? 그럼 세상에 당신의 지지자가 적은 탓이다. 가진 것을 내어 주며 자기 편을 만들어 가라. 남은 미래의 초석이 될 것이다.
25. 즉흥적으로 결정하지 마라. 친구에게 돈 빌려 주지 마라. 보증 서지 마라. 빚내서 투자하지 말고 사업하지 마라.
26. 가끔씩 부모님 연세와 건강 상태를 생각하라. 그리고 그분들에 대한 책임감을 생각하라. 더 이상 어려서는 안 되는 이유를 깨닫게 될 것이다. 부모는 더 이상 당신이 기댈 수 있는 대상이 아니라, 책임져야 할 대상이다.
27. 돈은 버는 게 아니라 벌리는 것이다. 가진 깜냥만큼. 그러니 더 많이

달라고 애원하지 말고, 더 많이 줄만한 역량을 갖춰라. 그 역량은 스펙일 수도 있지만, 남보다 많은 경험인 경우가 더 많다. 그러니 또래보다 세 배 더 밀도 있게 살아라. 일중독? 기본 역량을 키우는 데 가장 좋은 체력을 가진 때가 30대이다.

28. 많이 알고, 먼저 아는 것이 뛰어난 것이라는 착각을 하지 마라. 많이 알고 먼저 아는 것은 좋은 경쟁력이긴 하지만, 그것이 핵심 역량은 아니다. 스스로 생각하고 정리하는 습관을 키우는 데 더 집중하라. 그것이 그렇게나 갖고 싶어 하는 통찰을 키우는 방법이다.

29. 일하는 환경에서 꽃길을 찾지 마라. 꽃길을 만드는 사람이 되는 길을 선택하라. 30대의 성취가 그 과정에서 나온다. 영웅은 가시밭길을 걷지, 꽃길을 걷지 않는다.

30. 어떤 인생도 무시하지 말고 정성껏 들어라. 30대에 최대한 많은 인생을 경험해야 40대의 무게를 감당할 수 있다.

31. 약속 장소에 늘 15분 일찍 도착하라.

32. 모든 행사의 맨 앞과 맨 뒤를 함께 하라.

33. 어떤 고난에서도 쓰러지지 마라. 잠시 쉬면 괜찮아진다.

34. 패장을 함부로 대하지 마라. 그도 전쟁을 해본 자이다.

35. 현실 도피의 시간을 갖지 마라. 내일도 맞이할 전쟁터를 적극적으로 상대하라. 고통을 지나 희열이 반드시 온다.

36. 일을 핑계로 연애를 멀리하지 마라. 연애 잘하는 사람이 일도 잘한다. 그리고 연애할 때, 서로 가진 능력이나 가능성이 아니라 실력을 봐라. 실력이란 잘하는 힘이 아니라, 의지하는 사람이 많은 힘을 가리킨다.

37. 허세 떨지 마라. 그 나이는 실력 없으면 아무도 안 봐주는 나이다. 그러다 어설픈 사기꾼이 된다.

38. 말로 일하지 마라. 몸으로 하라. 그러면 말이 무기가 될 것이다.
39. 실패를 두려워하라. 젊어서 하는 실패는 보약이 아니라 독약이다. 실패하지 않기 위해 최선의 최선을 다하라. 방심하지 마라!
40. 간절히 바라면 이루어지지 않는다. 간절한 만큼 더 많이, 더 오래 하라.
41. 열심히는 기본, 늘 다르게 생각하고 다르게 하려고 하라.
42. 못한다고 말하는 대부분의 일은 안 하는 것이다. 자신의 게으름에 관대해지지 마라.
43. 시와 소설, 역사 이야기를 가까이 하라. 40대 이후 강한 경쟁력이 될 것이다.
44. 추측인지 사실인지 반드시 구분하고 움직여라.
45. 최소 2년 단위의 목표를 세워라.
46. 그리고 누군가가 새벽에 부르면 달려가는 친구가 되어라. 그도 너에게 그런 사람이 될 것이다. 정말 절벽 끝에 도달했을 때, 그가 너를 살릴 것이다.
47. 아직도 인생의 1막이다. 미리 겁먹지 말고 도전하라. 그리고 시작한 것은 해내라.
48. 너의 확신을 늘 의심하라. 세상을 통해 증거를 수집한 후에 확신하고 움직여도 늦지 않다.
49. 세상 가장 빠른 시계가 30대의 시계이다.
50. 마지막으로 이 글을 읽는 당신이 30대의 초중반 어디에 서 있는 사람이건, 이 말씀을 꼭 드리고 싶다. 당신은 세상에서 무엇으로 독창적인가? 독립적인가? 독보적인가? 자존감이란 거기에 있다. 천재적이고 뛰어나지 못하다면, 정성, 근면, 성실, 열심과 같은 평범한 덕목으로라도 누군가에게 다른 이들보다 더 큰 감동과 인상을 주는 사람이 되

려고 노력하라. 우리가 후회하는 대부분의 인생은 자기 안의 빨간색을 꺼내지 못하고, 세상이라는 하얀색에 물든 인생이다.
"그러니 당신이 없으면 안 되는 사람들을 늘려가라. 그런 세상을 살려고 노력하라. 진심의 진심을 담아 드린다."

| 아직 못다 한 이야기. 당신에게 띄우는 편지 |

74 호랑이, 혹은 40대 초반 친구에게

1. "우리가 돈이 없지, 가오가 없냐"는 말, 하지 말자 친구야. 돈도 있고 가오도 있으려고 힘써 보자.
2. 몸이 보내는 신호들 무시하지 말자. 대상포진과 원형탈모에 우울해 있었는데, 고향 친구가 뇌졸중으로 힘들어 하는 걸 보니 정신이 번쩍 나더라. 몸이 힘들다고 하면 쉬자.
3. 사람한테 너무 기대하지 말자. 특히 사회에서 일로 만난 사람과는 그 거 있잖아, 세련된 에티튜드… 그거 이상은 함부로 넘어가지 말자.
4. 진짜 이제 보증 비슷한 것도 서지 말자. 다시 일어설 시간 같은 거 더 남아 있지 않으니까.
5. 50세를 위한 계획을 세워 보자. 그때를 화려한 2막으로 만들어 볼 계획. 그러면 매일이 조금 즐겁고 알차게 채워지지 않을까?
6. 애들 교육비나 집 평수 넓히는 돈을 과하게 쓰지 말자. 그것 때문에 우리 인생을 담보 잡히며 평생 살아간다는 건 안 봐도 지옥이야. 대한민국 사교육과 부동산 허세에 온가족이 불행해지더라.
7. 취미가 있다면 어떻게든 놓지 말고, 없다면 만들자. 자기만을 위한 시간과 활동이 뭐든 하나는 있어야 한다.
8. 있다고 과시 말고, 없다고 주눅 들지 말자. 그리고 우리는 삼겹, 노가

리에 소주와 맥주로 만나자.
9. 아재라고 불리고, 뒤처졌다고 한소리 들어도 애써 유행 따라가려 하지 말자. 우리는 그냥 우리식으로 멋있자.
10. 옷입는 거 멋내는 거 몸매관리 포기하지 말자. 다음에도 또 등산복 입고 나오면, 너 모르는 척 하고 우리끼리 술 마실 거다.
11. 우리 다른 거 계속 도전하자. 일 년에 하나씩 뭔가 새로운 걸 공부하자. 나도 해보려고 한다.
12. 남 눈치 보는 요령 이제 다 장착했으면, 적당히 하고 싶은 것도 내 맘대로 하며 살자. 그래도 되는 나이다.
13. 고생해서 배웠지만 세상에 공유하고 나누자. 우리의 노하우라는 것. 그러면서 새로운 인생이 열리기도 하더라. 그게 우리의 앞으로를 위한 자본금 같은 것이다.
14. 하루에 한 가지씩 아이디어를 적어 보자. 그게 뭐든, 어떤 분야든 생각나는 대로. 우리는 열심히 뛰기만 하다 보니 우리가 얼마나 수준이 높아졌는지 모르고 갈 때가 많더라. 이런 아이디어 노트는 우리가 자신을 새롭게 바라보는 계기를 만들어 준다.
15. 적어도 석 달에 한 번은 산에 가자. 친구야, 너 계절별로 피는 꽃이 무엇이고 어떤 모양인지는 기억 나냐?
16. 질문하는 것도 받는 것도 두려워 말자. 우린 모르는 것 빼고 다 아는 경력을 가졌고, 모르는 걸 물어 보는 게 쪽팔릴 나이도 아니다. 오히려 우리가 가진 전문성 때문에 상대방들이 진지하게 질문을 대할 거다.
17. 어릴 적 우리가 모시고 싶었던 상사, 멋지다고 여겼던 선배, 닮고 싶어 했던 사십대로 사는 것을 포기하지 말자.
18. 힘들면 민중가요 불러 봐라. 뭔가 뜨거운 게 올라오더라.

19. 식구나 주변 사람들 의식만 하지 말고, 네가 하고 싶고, 가고 싶고, 먹고 싶은 것들도 챙겨라.

20. 참기만 하지 말고 지를 땐 확 질러라. 나이가 족쇄도 아니고, 참기만 하다 사리 생겨서 담석증 올라.

21. 술마실 때라도 좋으니 가끔은 꿈 얘기도 하자. 꿈이 없어질 나이란 없는 거 아니냐?

22. 회사에선 좋은 상사, 나쁜 상사, 존경 받는 상사… 이런 거 말고 엄하고, 실력 있고, 대체불가의 존재감 있는 상사로 살자.

23. 젊게 살 나이가 아니라 우리 젊은 나이다. 우리 윗 선배님들 중에도 활기 넘치시는 분들이 그득하더라.

24. 애들한테 달리기는 져도 팔씨름은 지지 말자!

25. 괴롭고 힘든 순간에도 주변에 내색하지 않고 꾹 참기는 개뿔, 그러다 우울증 오고 그런 거더라. 친구 불러서 체통이고 뭐고 다 내려놓고 소주 한잔 기울이며 하소연도 하고 푸념도 하고 욕도 좀 하고 살자. 정신 건강이 제일인 것 같다.

26. 뒤처지지 않는 한 뭘 해도 안 지는 나이가 사십대. 세상에 뒤처지지만 말자. 그리고 자신 있게 힘차게 가자. 어디서든 우리가 허리고 중추다!

27. 인스타랑 페북 하자. 인친, 페친, 이 정도 말도 못 알아들으면 너 좀 심각한겨….

28. 마지막으로 친구야! 우리, 우리 자신이 무엇보다 가장 소중함을 잊지 말자! 나 없으면 세상도 없는 거니까! 힘 있게! 파이팅!!!

| 아직 못다 한 이야기. 당신에게 띄우는 편지 |

성공을 추구하는 후배들에게

1. 열심히 하지 말고, 다르게 하라. 열심히는 남들과 같은 틀 안에서 같은 판단기준, 방법으로 열정과 노력을 다 한다는 것이다. 같은 차원에서 아무리 노력해도 다른 차원으로 가는 길은 보이지 않는다. 우리가 추구하는 성공이란 것은 희소성이 있음을 솔직하게 인정하고 받아들여라. 성공은 평범하거나 일반적이지 않고 비범한 것이다. 그러니 다르게 추구하는 것이 당연하다. 그리고 2번에서 말하겠지만, 열심히는 그냥 기본이다.

2. 더 많이 더 오래 하는 것은 당연하다. 생각해 보라, 남들만큼 해서 남보다 좋은 결과를 가질 수 있다면, 그건 투기나 사기 아닐까? 남이 얻은 것이 간혹 쉬워 보일 수 있고, 내 보기에 부당해 보일 수도 있지만 대부분의 성공은 남보다 더 많이, 더 오래라는 근면의 투자가 기본이 되었다.

3. 세상 탓, 환경 탓 하지 마라. 바뀌는 건 아무것도 없다. 그 탓하기 위해 생각하고, 논리 만들고, 시간 쓸 에너지를 당신이 원하는 것을 갖기 위해, 당신이 하고 싶은 것을 하기 위해, 당신이 되고 싶은 존재가 되기 위해 필요한 전략을 수립하고 실행하는 데 써라. 시간은 정직하다. 탓하며 보내는 자의 10년과 전략을 수립하고 실행하는 자의 10년

뒤 결과는 천지차이다.

4. 스펙과 코스에 얽매이지 마라. 그것들의 대부분은 기득권이 만든 장치이다. 다시 생각해 보라. 당신이 기득권층이라면 그 코스를 통해 혁명가나 치명적인 경쟁자가 생겨나길 바라겠는가? 모두가 그렇지는 않지만, 엘리트 코스의 끝에서 조직으로부터 버림받고, 작은 규모의 생계조차 어찌하지 못하는 경우를 많이 보게 된다. 그들이 그것에 얽매이지 말아야 할 증거이다.

5. 외국어에 목숨 걸지 마라. 외국을 경험하는 데 투자하는 건 옳다. 집 안에서 쓸 외국어나 이력서에 올릴 자격증이 아니라 직접 외국 문화를 경험하고, 그곳의 사람들을 만날 기회를 많이 만드는 게 더 우선이다.

6. 을이 된 후 갑을 지향하라. 갑을 욕하기 전에 갑에게 필요한 을이 되는 것이 순서상 맞다. 내 쓸모를 먼저 만들어 상대방과 딜할 요건을 갖추는 게 바로 진정한 의미의 거래이다. 성공과 거래하고 싶다면, 성공에게 먼저 을이 되려 하라. 완벽한 을은 곧 누군가에게 완벽한 갑이 되는 법이다.

7. 돈 보지 마라. 성공을 돈 많이 벌어 모으는 것이라고 착각하고 있다면, 그 또한 평범한 코스를 무의식적으로 밟아가는 것이다. 돈 말고 사람을 봐라. 인간 사회에서 성공에 필요한 요소는 거의 대부분 사람이 가지고 있다. 그들이 만들어 놓은 성공이라면 말이다.

8. 매일 꾸준히 자신을 단련하라. 학원 다니고, 책 많이 읽고, 뭐 이런 걸 얘기하는 게 아니다. 외모를, 체력을 그리고 생각하는 힘을, 다양한 관점을 가질 수 있는 성질을 단련하라. 그것이 결국 비범함의 가장 큰 이유를 만들어 준다.

9. 어떤 사람도 무시하지 말고, 읽고 느끼고 배워라.
10. 방법이 아니라 구조에 집중하라.
11. 모두가 '예'라고 할 때, 혼자서 '아니오'라고 하지 말고, 속으로라도 '왜?'를 생각하라. 무조건 습관으로 만들어라. 이치를 깨닫는 훈련이다.
12. 목표에 대해 아주 구체적으로 다양한 변수와 가능성과 방법을 잘게 잘게 쪼개어 생각하고, 이야기로 만드는 습관을 키워라. 그 이야기대로 인생이 풀려갈 것이다.
13. 미국에 가고 싶다면, 미국을 잘 아는 사람 또는 미국인과 친구가 되어라. 성공하고 싶다면, 성공을 알거나, 성공한 사람의 주변에서 놀아라. 선택은 너의 몫이다.
14. 만약 가장 성공한 고용인, 노동자가 되고 싶은 게 아니라면, 노동법은 버려라. 역시 선택은 너의 몫이고, 이 부분에 대해 따로 대꾸할 생각 없다.
15. 빚지지 마라. 빚이 있다면, 가장 최우선적으로 죽어도 그것부터 해결하라. 여유 없는 곳간에 어떤 재화도, 복도 들어오지 않는다.
16. 나서는 것을 두려워하지 마라. 그리고 나섰으면 끝까지 그 자리를 책임져라.
17. 네가 무엇을 가졌는지 제대로 세세하게 파악하라. 그리고 그 모든 것을 상품과 가치로 바꾸어 세상과 교환하라. 잊지 말 것, 너처럼 세상도 손해 보길 싫어한다.
18. 네가 목표로 하는 모든 것을 숭고하게 대하고 존중하라. 그게 물질이든, 꿈이든, 보이지 않는 다른 그 무엇이든, 진심으로 존중해 주는 자에게 찾아오는 법이다.

19. 지덕체? 모든 면에서 완벽해지려고 하지 마라. 그런 인간은 있을 수 없다. 그런 쓸 데 없는 허상을 쫓으며 시간과 노력을 낭비하지 마라. 그것도 다 만들어진 허울 좋은 틀일뿐이다.
20. '우주의 기운? 긍정의 힘? 간절한 바람이 가져오는 기적?' 같은 건 기대하지 마라. 그런 건 없다. 모든 결과는 행동에서 나온다. 기적과도 같은 일은 있어도, 기적은 없다! 다 이유 있어 나온 결과일 뿐!

| 아직 못다 한 이야기. 당신에게 띄우는 편지 |

사장이 된 후배에게

1. 사업이 어렵다는 말을 하지 마라. 온 우주가 너의 사업을 더 어렵게 만들 것이다.
2. 다른 이의 사업은 다른 이의 사업이다. 흠보지도 말고 탐내지도 말고 자기 사업에 집중하라.
3. 돈이 없으면 돈을 더 벌어 와라. 그게 사장이 할 일이다.
4. 마음 쓰되 마음의 병까지 생기게는 하지 마라. 화병 생겨 몸까지 망가지면 답 없다.
5. 사람에게 미련 두지 마라. 네가 책임질 수 있는 타인의 인생은 드물고 드물다.
6. 목표를 구체적으로 세우되 언제나 변할 수 있음을 인정하라. 그건 변덕이 아니라 유기적 성장 체질이 되었다는 소리다.
7. 주기적으로 재 창업하라. 그래야 뒤처지지 않는다. 그렇다고 진짜 폐업 신고 하라는 건 아니다.
8. 고객 앞에 고개 숙여라. 항상.
9. 경쟁사는 비교할 대상이 아니라 압도적으로 제압해야 할 대상이다. 공생 따위는 없다.
10. 당신이 초조하면 다 죽는다. 판단과 결정 앞에서 초조해도 초조해하

지 말아라.

11. 배우는 걸 부끄러워하지 말라. 다섯 살 어린 사람 앞에서도 즐겁게 고개 숙여라.
12. 모든 명함을 다 저장하지 마라. 아는 사람은 알아듣는다.
13. 함부로 호형호제 하지 마라. 형제끼리 비즈니스 하는 거 아니다. 호형호제 할 거면 일로 엮이는 건 피하라.
14. 골프와 술로 만들어진 계약은 더 많이 잃어주고, 더 많이 돈 쓰는 놈에게 넘어가기 마련이다. 그런 건 그냥 양념 정도로만 생각하라.
15. 휴식이 없다고 징징대지 마라. 남들이 일중독이네, 그러다 죽네 뭐라고 해도 움직일 힘이 눈곱만큼이라도 있으면 움직여라. 네가 멈추면 모든 게 멈춘다. 그리고 사람 쉽게 안 죽는다.
16. 사장, 아무나 하는 거 아니다. 자부심을 가져라.
17. 싸우자고 덤비면, 죽을 힘을 다해 상대하라. 현실은 전쟁이지 게임이 아니다.
18. 똥고집으로 사업하지 마라. 똥 된다.
19. 잘된다고 내려 보지 말고, 안 된다는 사람 멀리하지 말고, 어리다고 함부로 하지 마라. 세상 돌고 돈다.
20. 절대 술 마시고 '깽판치거나' 음주운전 하지 마라.

| 아직 못다 한 이야기, 당신에게 띄우는 편지 |

박종윤식 컨설팅 45선

1. 확률 높은 예측은 정확한 사실을 분석할 때 가능하다. 추측하지 말고 분석하라.
2. 감성 영역과 논리 영역을 구분해서 바라 보라.
3. 목표는 단순하다. 첫째, 나의 어제를 이긴다. 둘째, 고객이 더 많이 더 자주 구매할 수 있도록 준비한다.
4. 매출이 없는 이유는 하나다. 사고 싶은 물건이 없거나, 사고 싶은 조건이 아닌 것이다.
5. 해당 브랜드의 장점과 단점은 그것을 구분하는 주체의 기호에 따르는 경우가 많다. 그리고 대부분 장점이 곧 단점이 된다. 그러므로 장단점은 어떤 면에서 해당 브랜드의 특성으로 파악할 필요가 있다.
6. 상품이 많으면 구매도 많아지는 것이 당연하다. 다만 다량이 아니라 다양하게 갖추어야 하고 감성적인 면과 기능적인 면에 있어 브랜드가 추구하는 가치를 벗어나지 않도록 해야 한다.
7. 더 빠르고, 더 단순해지는 시대이다. 브랜드 네임, 브랜드 목표, 브랜드 가치 등을 직설적으로 전달하는 것을 지향하라.
8. 베이식 상품은 저렴하고 많이 팔 수 있는 아이템이기도 하지만 상품 수명이 긴 특성을 가졌다는 것이 중요하다. 베이식 상품을 위한 콘텐

트 제작에 최선의 투자를 해야 하는 이유이다.

9. 가능한 많은 사람이 가질 수 있는 상품을 갖고 싶게 할 수 있게 하라. 예를 들어 '무난하고 평범한 기본티를 예쁜 모델이 입는 것과 같이'가 무슨 말인지 아는 사람은 안다.
10. 가격 경쟁 전략은 죽을 위기에서 마지막 기회를 얻기 위해 써야 하는 비장의 카드이다. 전략적인 세일은 괜찮으나 전체적인 저가 전략은 비생산적이다. 브랜드 퀄리티를 높여라. 고객은 같은 상품이면 더 번듯한 매장에서 구매한다.
11. C/S팀을 우대하라. 그들은 브랜드가 식상해지거나 성장에 정체가 찾아왔을 때 브랜드 리 빌딩을 가능하게 하고 시장 확대를 가능하게 하는 방법을 가장 잘 알고 있다.
12. 신입사원 또는 전문 분야가 아직 정해지지 않은 사원이야말로 회사 내에서 우리가 만날 수 있는 고객 마인드가 가장 남아 있는 인원이다. 자주 질문하고 대화하라.
13. 우리의 직원은 보물 창고이다. 그러나 문을 열어 꺼내기 전에는 자기가 가진 보물을 보여주지 않는 이들이 대부분이다. 사원을 무시하지 말 것. 그들에게도 애사심과 우리 브랜드에 대한 애착이 있으며 가장 현실적인 개선안들을 가지고 있기도 하다.
14. 시도하고, 시도하고, 시도하라. 사업은 삼 할 타자가 아니어도 된다. 일 할이면 나머지 모든 실패가 덮인다.
15. 매일 고객 후기를 읽어라.
16. 정기적으로 설문 조사 이벤트를 실시하고, 질문 내용을 업데이트하라.
17. 경쟁사가 없으면, 경쟁사를 만들어라.
18. 무작정 따라하는 이들이 보이면 먼저 기뻐하라. 잘하고 있다는 뜻이

다. 그러니 또 따라하고 싶어질 다른 행동을 하라.
19. 고객의 이익 이전에 고객의 불편과 두려움을 공감하라.
20. 어제와 같은 결과라면 내일도 같은 결과일 확률이 높다. 뭔가 잘못되어 가고 있다는 뜻이다.
21. 광고 효율이 떨어지면 운용 실력의 부족은 10%도 안 된다. 브랜드가 잘못된 행동을 하고 있는 것뿐이다. 잘하고 있다면 어떤 상황에서도 좋은 결과가 나온다.
22. 어제보다 100원만 더 팔아라. 그게 안 된다면 경영자 자신의 무능이다.
23. 왜 안 살까는 고민하지 마라. 혼자서 상상하는 것 밖에 할 수 있는 게 없다. 그 시간에 왜 샀을까를 연구하라.
24. 상품 설명을 계속 고객 반응에 맞추어 개선하고 보강하라. 상품 출시 때에는 우리가 상품을 정의하지만 구매가 일어날수록 고객이 다시 상품을 정의한다. 그것이 사용자 경험이다.
25. 고객 입장에서 편리하다면 무조건 적용하라. 예를 들어 네이버페이 같은.
26. 객단가 상승 유도는 비싼 상품 판매를 통해서도 이루어지지만 많은 상품 구매 유도를 통해서도 이루어진다.
27. 반응 있는 상품의 재고 보유를 두려워하지 마라. 관리는 성장을 가로막는다.
28. 매출은 구매하고 싶은 상품과 구매자의 만남에서 이루어진다. 매출 상승을 원한다면 구매가 발생할 상품 구성과 고객의 구매 편의에 집중하라. 매출은 추구하는 것이 아니라 따라 오는 것이다.
29. 뭘 잘못하고 있는 것 같은데 뭘 잘못하고 있는 건지 모르겠으면 고민하는 데 시간 쓰지 말고 고객에게 직접 물어 보라. 깜짝 놀라게 될 것

이다.

30. 지금 광고와 홍보 비용의 투자 비율과 매출 발생 비율에 있어 모바일 영역이 60%를 넘지 못하고 있다면 대부분의 경우 시나브로 망해가고 있다고 생각하면 맞다. 절대 확실하다.

31. 보여주고 싶은 것 말고 보고 싶어 하는 것을 보여줘라.

32. 우리 아니면 경험할 수 없는 것, 그것이 상품이건 서비스건 감성이건 무엇이건 간에 바로 그것이 우리 브랜드의 핵심 가치이다. 거기서 출발하라.

33. 자주 생각해 보라. 우리가 없어지면 안 되는 사람들은 누구이고 그들은 왜 그렇게 생각할지를.

34. 맘에 안 드는 직원이 있다면 당신의 맘에 안 드는 것이다. 고객의 맘에도 안 드는 사람일지는 한 번 더 생각해 봐야 한다. 당신이 본 그의 단점이 사실 그만의 개성일 수 있고 그 개성이 우리 브랜드의 가능성이 될 수 있다.

35. 경영자는 초조해 하지 않아야 한다.

36. 관리는 지키는 것이다. 리더는 파괴가 본분이다. 그것을 혁신이라 부른다.

37. 공부해서 사업하지 마라. 그럴 거면 학교에 가라. 사업을 시작했다면 매일 새로운 실천을 하라. 매일 고객에게 물어 보라. 매일 고객에게 응답하라. 공부하러 다닐 시간에 시.도.하.라.

38. 맞고 틀리고를 따지지 마라. 그건 신의 영역이다. 다름을 인정하고, 또 스스로 다름을 추구하라. 그것을 차별화라고도 부르고 자존감이라고도 부른다. 존재의 이유이다.

39. 기업의 목표가 이윤 추구라고 한다면 좋은 기업이 되어야 이윤이 잘

날 것이고 좋은 기업이 되려면 인재가 많아야 할 것이다. 그러니 기업의 목표는 인재 양성이다.
40. '사업이 어렵다, 힘들다, 잘 안 된다' 라고 하지 마라. 아무도 당신 주변에 다가 오지 않을 것이다. 그러다 진짜 망한다.
41. 모든 사장을 존중하라. 이미 특별한 사람들이다. 존중하면 배울 게 많아진다. 잘 배우면 시간을 앞당기고 효율을 높일 수 있다.
42. 무엇 때문에로 살지 마라. '그럼에도 불구하고'로 살아라.
43. 누구나 할 수 있다면 당신이나 당신의 회사, 당신의 브랜드가 할 일이 아니다.
44. 지금 당장 마태복음 7장 12절을 찾아 읽어라. 무엇을 해야 할지 알 수 있을 것이다. 참고로 나는 기독교인이 아니다.
45. 새로운 시도를 하는 것이 두려울 때는 마태복음 7장 13절에서 14절을 읽어라. 실천의 이유에 대한 확신을 얻을 수 있을 것이다.

내 운명은 고객이 결정한다

초판 1쇄 발행 | 2019년 6월 3일
초판 27쇄 발행 | 2024년 12월 1일

지은이 | 박종윤

펴낸이 | 송미진
뛰는이 | 임태환
알리는이 | 홍준의

펴낸곳 | 도서출판 쏭북스
출판등록 | 제2016-000180호
주소 | 서울시 마포구 큰우물로 75 1308호(도화동, 성지빌딩)
전화 | (02)701-1700
팩스 | (02)701-9080
전자우편 | ssongbooks@naver.com
홈페이지 | www.ssongbooks.com
ISBN 979-11-89183-05-9(03320)

ⓒ박종윤, 2019

값 16,000원

- 이 책은 저작권법에 따라 보호를 받는 저작물입니다. 무단 전재와 복제를 금합니다.
- 이 책 내용의 전부 또는 일부를 사용하려면 반드시 저작권자와 도서출판 쏭북스의 동의를 받아야 합니다.
- 잘못된 책은 구입하신 서점에서 교환해 드립니다.
- 도서출판 쏭북스는 주식회사 시그니처의 브랜드입니다.
- 도서출판 쏭북스의 문을 두드려 주세요. 그 어떤 생각이라도 환영합니다.